心理趣谈

——来自社会生活中的案例分析

刘志燕　王　青◎著

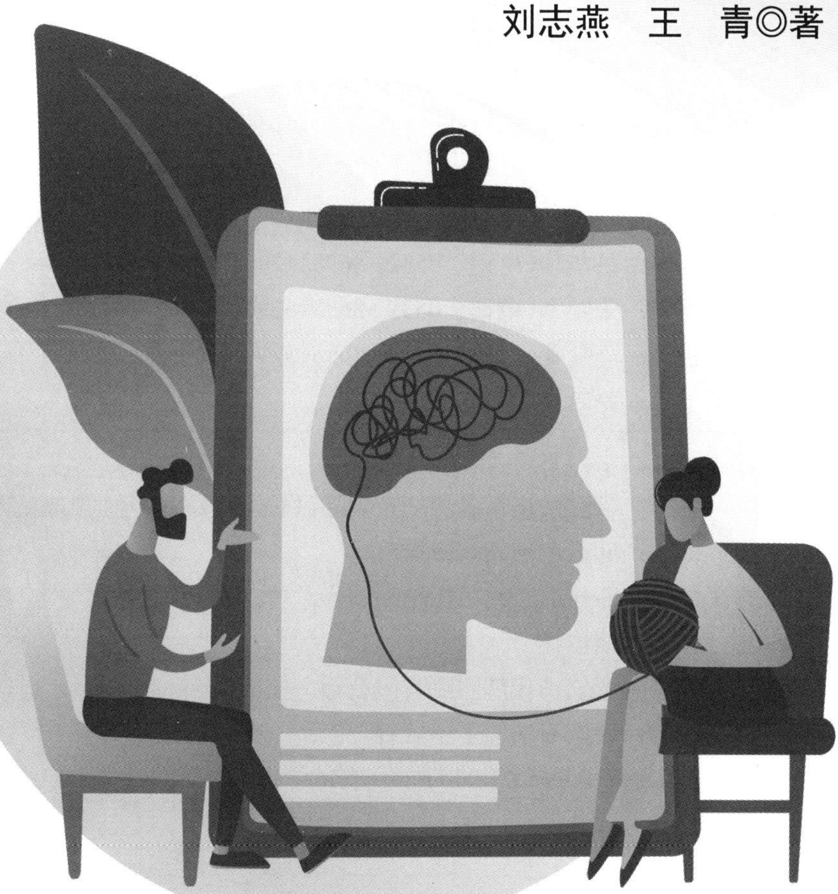

中国石油大学出版社
CHINA UNIVERSITY OF PETROLEUM PRESS
山东·青岛

图书在版编目(CIP)数据

心理趣谈：来自社会生活中的案例分析 / 刘志燕，王青著. -- 青岛：中国石油大学出版社，2024. 5

ISBN 978-7-5636-4564-0

Ⅰ. ①心… Ⅱ. ①刘… ②王… Ⅲ. ①社会心理学－案例 Ⅳ. ① C912. 6-0

中国国家版本馆 CIP 数据核字(2024)第 087035 号

青岛理工大学教育教学改革与质量提升计划项目——
研究生优秀教材

书　　名：心理趣谈——来自社会生活中的案例分析
XINLI QUTAN——LAIZI SHEHUI SHENGHUO ZHONG DE ANLI FENXI

著　　者：刘志燕　王　青

策划统筹：吕华华（电话　0532－86981529）
责任编辑：朱纪寒（电话　0532－86981529）
责任校对：陈亚亚（电话　0532－86981529）
封面设计：赵志勇

出 版 者：中国石油大学出版社
（地址：山东省青岛市黄岛区长江西路 66 号　邮编：266580）
网　　址：http://cbs.upc.edu.cn
电子邮箱：zhujihan2023@foxmail.com
排 版 者：胡俊祥
印 刷 者：泰安市成辉印刷有限公司
发 行 者：中国石油大学出版社（电话　0532－86983437）
开　　本：710 mm×1 000 mm　1/16
印　　张：10.25
字　　数：202 千字
版 印 次：2024 年 5 月第 1 版　2024 年 5 月第 1 次印刷
书　　号：ISBN 978-7-5636-4564-0
定　　价：32. 00 元

前言

PREFACE

本书是基于我们多年在教学、科研与实践中的心得整理而成。在确定本书的定位与体例时，我们起初计划将一个个真实的事例记录下来，整理成一本案例集。相较于传统教材，案例类读物通常更受欢迎且富有趣味性。然而，即便是真实的案例，如果缺乏理论支撑和专业分析，也就可能沦为单纯的“故事”，既缺乏深度，又缺乏说服力。因此，我们经过反复斟酌与修改，最终决定本书采用传统教科书的体例，选取了心理学的代表性专题，将内容分为9章。在每章中，我们先从基本概念、基本原理和相关理论入手进行讲解，同时穿插个人心得和点评，并辅以案例片段，以帮助读者深入理解。本书的写作风格不再局限于纯学术性，而是采用夹叙夹议的方式，力求语言生动、通俗，以展现心理学在日常生活中的活力和应用价值。

本书在章前设置了“导读”，在部分章后设置了“拓展阅读”“案例讨论”及“心理随笔”等精心设计的内容。这些内容有的是我们经手的真实案例，有的是我们撰写的小文章，有的是我们做的调研。我们认为这些内容恰恰是本书的“点睛之笔”，为本书增添了色彩与灵性。后期审稿时，我们又插入了一些链接，添加了数字化资源，其中的视频大多选自我们的公益讲座内容，还有从事公益活动的现场片段。经过此番整理，我们感到并没有做空洞的书斋式学问，而是将毕生所学服务社会。欣慰之余，我们更加深刻地感悟到一句话：“心理学是做出来的。”心理学不仅是一门学问，还是一种实践与体验。

在写作过程中，我们本以为只需要将多年积累的内容稍加整理，就能写出一本有趣的心理读物。然而，真正落笔时，我们才发现语言、思维与文字之间存在着诸多障碍与鸿沟。为了跨越这些障碍与鸿沟，我们必须去伪存真，进行深度加工。写作，实质上就是将思想转化为文字的过程。文字虽然能表达思想，但是也可能成为思想的束缚。我们希望读者在阅读和学习时，能将文字重新转化为思想，把知识内化为个人体悟；希望本书能引导读者以多元视角去理解人、理解社会并反观自身，更期望读者能从中获得内心的感悟与充盈。

著　者

2024 年 3 月

目录

CONTENTS

第一章　心理学经典理论

导　读

歌德曾说:“理论是灰色的,唯有生命之树常青。”当我们把理论与生活相结合并在生活中践行理论、感悟理论时,理论才是鲜活的、生动的和有趣的。理论能够指导我们理解社会情境中人的心理表现、成因及规律,使我们既能够从社会的角度审视人的心理,又能够从心理的角度剖析社会现象。

由于个体心理的复杂性,心理学理论也出现了许多流派,而每个流派都有自成体系的理论假设、核心概念和独特视角。当今心理学界,影响力较大的流派当属精神分析、行为主义、认知学派、人本主义四大流派。而社会学界也有社会建构论、冲突论、符号互动理论、角色理论等诸多流派。虽然各个学派各自独立,但是呈现出继续分化又相互融合的趋势。

很多人面对流派纷呈的社会心理理论时产生了困惑,到底哪个理论最正确、最完美?其实,这种寻找标准答案的思维才是学习心理学的最大障碍。事实上,相较于研究物质世界的学科,心理学具有独特性。由于社会心理现象的复杂性和多样性,我们往往难以给出唯一的答案。因此,在心理学领域内,我们不能断言某种说法就是绝对正确的,更不能因为一个新的理论出现就轻易否定或排斥其他理论。面对复杂微妙的心理世界,人类从未停止过思考。在这个领域中,所有的答案都只是某种思想、某种理解、某种解释。因此,各种理论都是可以并存的,即使存在分歧与对立,也不能说一个理论能完全取代另一个。我们只能说,在解释心理现象的某个方面上,某个理论更恰当、更有说服力;而换另一个角度或另一种理论也许更为合适。在面对一个完整的社会心理现象时,我们应该打破非此即彼的僵化思维,形成自己的见解和评价,综合运用多个理论,从而构建个人观点。这是学习心理学应有的态度。

第一节 精神分析理论

精神分析是关注人的无意识、探究人行为背后深层次动机与原因的学说的总称。自心理大师弗洛伊德开创了精神分析学派后，其理论被后人不断发展和修正，形成了许多内部分支，如以埃里克森为代表的自我学派、以沙利文为代表的人际关系学派、以弗洛姆和霍尼为代表的社会文化学派及以荣格为代表的分析心理学派等。而作为开山鼻祖的弗洛伊德早期提出的理论，则被称为经典精神分析理论。

一、精神分析的基本观点

精神分析理论以深入探索心理活动的无意识层面作为其理论构建的起点。

（一）意识与无意识

1. 什么是无意识

无意识是精神分析学派的核心概念。在弗洛伊德的著作中，无意识通常有两种含义：一是指个体无法意识到自身某些行为的真正原因和动机；二是指隐藏于清醒意识之下的深层心理活动和内容，即人们未能察觉的心理活动。部分心理内容因受人类道德观念的制约而无法被接纳，这些能量便潜藏于无意识之中。

弗洛伊德通过无意识这一概念，将人的心理划分为意识和无意识两大层面。那么，哪一层面对人的影响更重要呢？弗洛伊德认为，无意识无疑对人的影响更大。他认为，意识只不过是我们心理活动的冰山一角，而无意识才是隐藏着的巨大冰山。

2. 无意识中有什么

有人疑惑：为什么有的东西在意识层面，而有的东西在无意识层面呢？这就如同我们总是喜欢向外人展示自己美好的一面一样，人的大脑也会将那些不被社会文明和道德规范所允许的人性中“丑恶”的东西压抑下来，使之成为无意识的内容。这些被压抑的东西主要是人的原始本能和冲动，如生的本能（生存、繁衍、建设、爱、创造）和死的本能（竞争、攻击、破坏、战争、自杀与杀人），以及种种不便展现的欲望，在弗洛伊德的理论体系中主要指性欲。这些本能和冲动只是被压抑，但并没有消失。无意识中蕴藏着巨大的能量，时刻寻找发泄的出口。弗洛伊德将无意识形容为“像一口沸腾着的大锅”。这些潜藏在内心深处又伺机宣泄的能量，就是我们心理的“暗礁”。人生的小船随时可能触礁，从而引发心理冲突、焦虑、疾病和攻击行为等各种问题。

由此，你领悟到弗洛伊德视角下心理问题的来源了吗？

3. 如何理解无意识

那么问题来了，既然无意识不能被意识到，我们又怎么能知道无意识的内容和能量呢？在日常状态下，由于意识压制着无意识，人在社会情景中表现出的是经过社会文明过滤后的意识层面，而不会将无意识直接表现出来。然而，意识和无意识之间确实存在一些有趣的通道。通过这些通道，我们可以深入探索无意识领域的奥秘，如梦和下意识反应。

梦是在睡眠过程中无意识内容的产物，这些内容经过变形和转化后，以奇特的方式变相满足被压抑的心理冲动。通过分析人的梦，我们可以了解人内心深处真实的欲望、冲突和焦虑。除了梦这个通道外，还有日常生活中人的下意识反应、敏感性反应，以及口误、遗忘、疾病等，都能为我们窥探到无意识的蛛丝马迹提供线索。例如，一个因身高而感到自卑的人可能忌讳别人提及身高，一个拥有权力情结的人可能既奴颜婢膝又作威作福，一个自感不受欢迎的人可能总以为别人在议论自己，一个厌学的孩子可能每逢周一早上就肚子疼……总之，弗洛伊德认为人的行为归根结底是由无意识决定的。无意识的本能冲动才是人类行为的最原初动力。我们也可以这样理解：每个人的内心深处不仅有一口沸腾的大锅，还时刻受到来自内心的煎熬。同时，每个人的内心还有一个深不见底的黑洞，我们姑且称之为心灵黑洞。这个黑洞让我们对自己的做法与想法不自知，甚至让我们深陷其中而无法自拔。人生的艰难，大概来源于此吧。

弗洛伊德终生致力于研究心灵深处的黑洞，试图用他的精神分析理论和方法揭示无意识的奥秘，让人们对无意识的动机有所觉察，用意识的微光照亮无意识的黑洞。

（二）人格结构论

1. 本我、自我与超我

弗洛伊德将人格结构划分为三部分：本我、自我和超我，具体参见表 1-1-1。这三个“我”依据不同的原则活动，其中自我起到了关键的调节作用。我们通常所说的心理失衡，本质上是这三个“我”之间失去了平衡，或者说是自我的协调能力受损。本我、自我和超我相互影响，其中自我与本我的关系如同骑马者与马，马提供前进的动力，而骑马者则负责指引和决定马的方向。本我是求生存的必要原动力，超我则监控个体按社会道德标准行事。而自我对上按照超我的要求去做，对下获取本我的动力，调整其冲动与欲望；对外适应现实环境，对内调节心理平衡。当这三种力量无法维持动态平衡时，就会导致心理失衡，进而引发焦虑和神经质反应。弗洛伊德把自我比作"伺候三个主人（本我、超我和现实）的奴仆"。由此可见，弗洛伊德的理论带有悲观色彩，他认为人的行为受无意识能量的驱使，缺乏自由与自主性。人，既是自我的牢笼，又是自我的囚徒。

表 1-1-1　弗洛伊德人格结构论

人格结构	特　征
超　我	道德理想我：由理想自我和道德化的自我（即良心）组成。心理能量的活动遵循道德与完美原则，压制本我的冲动
自　我	心理社会我：是从本我中发展出来的现实化本能，其特点是具有意识性、理想性，并按照现实性原则进行活动
本　我	生物本能我：人格中最原始且最不易把握的部分，是与生俱来的本能冲动，追求最大的快乐并避免最小的痛苦，其特点是无意识的、非理性的，并遵循快乐原则进行活动

2. 人类行为的动力——心理防御机制

自我同时面对三个主人：本我、超我和现实。当难以承受三者的压力时，人就会产生焦虑反应，而焦虑的产生会促使自我发展出一种功能，即寻找一种既能被现实允许又能被超我所接受并满足本我需求的处理方式，我们称之为心理防御机制。心理防御机制是自我为阻止焦虑而尝试的策略，也是一种自我保护的手段。它在潜意识中运作，而个体并不会意识到它在发挥作用。例如，在《狐狸和葡萄》的故事中，狐狸吃不到葡萄时说葡萄酸，这便是心理防御机制的一种体现。常用的心理防御机制包括升华、退缩、反向作用、投射、否认、转移和合理化。

（1）升华。

升华是将社会、超我所不能接受的冲动转化为建设性的活动。历史上，许多科学发现和文学艺术成就都是作者（失意、逆境或内心迷茫、冲突时）将心理能力升华的结果。有人失恋后选择自杀，这是逃避；有人失恋后写了一首诗，这便是升华。

（2）退缩。

退缩是指当遇到挫折和应激情境时，个体以幼稚的方法应对，以获得暂时的安全。例如，具有"巨婴"心态的个体会将全世界视为"母亲"，要求他人对自己无限包容，而自身则退化成为不愿长大的“婴儿”，怨天尤人，被动地退缩，既不承担责任，又不面对问题。

（3）反向作用。

反向作用是指个体的行为表现与内心欲念相反，以减少因欲念而产生的焦虑。例如，心存芥蒂的两个人可能会表现出过度的客套与热情。这实际上是内心通过反向行为来证明自己并不恨对方，从而为自己寻求心理上的开脱。

（4）投射。

投射是指个体将自己的愿望与动机归咎于他人，并断言他人同样具有这些动机与愿望，而这些动机和愿望通常是超我所不能接纳的。读者或许可以联想到那些表面上道貌岸然的伪君子。

（5）否认。

否认是指个体有意识或无意识地拒绝承认那些令人感到焦虑和痛苦的事情，仿佛它们从未发生过。这种反应往往发生在下意识的瞬间反应中。例如，当听到亲友突然逝世的消息时，大多数人可能会下意识地喃喃自语：“怎么会？这不可能吧？”这种“不敢相信且不愿相信”的瞬间反应为内心提供了一种缓冲，保护个体不至于被突如其来的打击所压垮。

（6）转移。

转移是一种攻击性的心理防御机制，是指个体原先对某些对象的情感、欲望或态度由于不符合社会规范、具有危险性或不被自我意识所允许等，无法直接表达，于是将这些情感、欲望或态度转移到一个较为安全且被大家所接受的对象上，以此来减轻自己心理上的焦虑。这种现象俗称“寻找替罪羊”或“出气筒”。例如，个体在工作中受到领导的气后，回到家对家人发脾气就是典型的转移行为。

（7）合理化。

合理化是指个体用社会普遍认可的理由来替代自己内心原有的理由，以此来减轻所面临的挫折感或尴尬情绪（参考本章心理随笔《谁动了我的柠檬》一文）。

二、心理性欲发展阶段论

弗洛伊德认为，个体从出生至成人需要经历一系列有序的发展阶段，而每个阶段均有一个特殊的欲望或需求满足中心，即性感区。如果前一阶段的欲望得到适当满足，就会顺利发展到下一阶段。反之，如果发展受阻（弗洛伊德称之为“童年期创伤”），就会在成年后出现各种人格问题和变态行为。

(一)口欲期(出生至1岁左右)

这一时期,婴儿的性欲望以吸吮、咬和吞咽等口腔活动为主,以满足其本能与性的需求。婴儿不仅从吮吸乳汁中获得快感,还对其他口部运动表现出浓厚兴趣,如吹泡泡、咯咯发声、咀嚼东西等。他们还喜欢吮吸手指,将手头能拿到的东西放在嘴里。精神分析学派认为,母亲亲自哺乳不仅为婴儿提供最佳营养,还对满足其母爱需求与口欲至关重要,并对婴儿的心理健康有着重要影响。如果婴儿的口欲得不到满足,日后就可能成为儿童贪食症与异食癖的心理根源,甚至在成年后也可能诱发贪食、嗜酒、吸烟成瘾、骂人或说谎等不良行为。反之,如果婴儿的口欲过度满足,就可能成为幼儿和少年神经性厌食或呕吐的心理诱因。

(二)肛门期(2~3岁)

这一时期,幼儿性欲的满足主要来自肛门及直肠区域的活动。同时,这也是培养幼儿大小便习惯的关键时期。幼儿通过排便与控制大便的过程来获得快感,即肛欲满足,这既是幼儿通过掌握自己的身体器官来控制环境,又是幼儿人格独立性和自主性发展的一个重要时期。如果过早或过于严厉地进行便溺训练,他们成年后就可能会展现出沉默、内向的性格特征。我曾经治疗过一名14岁的男孩。由于性格腼腆内向并缺乏自主性,他在某些情况下显得较为无能和懦弱。他面临的一个主要挑战是难以在家庭以外的场合自如地上厕所。这可能与他的社交焦虑或对外界环境的适应能力有关,需要逐步克服和改善。通过深入探究其成长背景,我发现这与男孩母亲的教养方式密切相关。他的母亲有洁癖,当面对孩子正常的排便行为时,会表现出过度的紧张与厌恶,并频繁地为孩子擦洗。这种过度干预导致孩子逐渐形成了大小便不光彩且令人恐惧的观念,进而在成长过程中演变成了难以在家庭以外场合自如上厕所的问题。实际上,他小时候就反复遭受便秘与腹泻的困扰。但遗憾的是,没有人及时洞察这背后的深层原因,而只是将其当作普通的肠胃疾病进行治疗。

(三)生殖器期(4~5岁)

这一阶段,性欲的满足主要源自幼儿尚未发育成熟的生殖器(阴茎或阴蒂),幼儿有时会通过玩弄或刺激这些部位(如夹腿摩擦或触碰椅腿等)来获得性满足。这种幼儿期的行为与成人手淫在性质上截然不同,既无成人的性意识与性交意愿,又无成人的性生理反应(如射精),只不过是幼儿的一种性游戏。因此,我们不应以成人的偏见对他们进行严厉的责备,以免给他们留下心灵创伤,导致他们在成年后对性产生罪恶感或恐惧心理，进而可能成为成年后性功能障碍的潜在原因。

生殖器期的幼儿开始形成初步的性别意识，经常会问关于两性差异和生殖方面的问题。例如，“为什么叫他叔叔？叔叔和阿姨有什么不同？”“我为什么是男孩/女孩？”“我怎么来的？妈妈生了我，那爸爸做什么了？”……面对孩子的十万个为什么，有些家长觉得厌烦或尴尬，不愿正面回答，而是选择搪塞、欺哄等方式回避问题。家长经常说：“等你长大自然就懂了。你问这些做什么？”有的家长甚至告诉孩子说：“你是捡来的。”殊不知，这种教育方式不仅错失了进行性别启蒙教育的好时机，还有可能给孩子留下心理阴影。

在口欲期和肛门期，幼儿通过口、手等身体部位来探索世界并获取快感。而在生殖器期，幼儿的注意力转向外界对象，特别是家庭中的异性父母。在这一心理阶段，幼儿会经历一种强烈的冲突，即对异性父母的依恋和对同性父母的“仇视”。这一情结在男孩中被称为“恋母情结”，在女孩中被称为“恋父情结”。父母可以通过引导幼儿对同性父母的认同，帮助幼儿顺利度过这一时期。

（四）潜伏期（6～12 岁）

解决“恋母情结”或“恋父情结”后，儿童进入了性潜伏期。在这个阶段，由于性欲望被压抑，儿童转而投入社会认可的创造性游戏或学习活动中，从而使性心理变得比较平静，不再像之前各阶段那样充满复杂且激烈的矛盾与冲突。这时，儿童的超我已经出现，他们已将部分社会行为准则内化于心，对性意识的压抑能力增强，能够将更多精力投入日常的学习与生活中。

（五）生殖期（13～20 岁）

这一阶段，随着躯体和内分泌系统的迅猛发育，青少年的第二性征日益明显，生殖器官也逐渐发育成熟。此时，他们的性心理同样迅猛发展，开始被异性所吸引，并产生朦胧的情谊，这标志着异性恋的萌芽。然而，由于缺乏社会经验和足够的理智，加之性器官逐渐发育成熟，但整体生理和心理成熟度相对不足，并且意志力较为薄弱，他们容易受外界不良诱惑的影响，从而面临性犯罪的风险。这一阶段的青少年，在心理发展上极易遭遇各种危机。

三、心理发展阶段中的特殊情结

（一）恋父（恋母）情结

在肛门期乃至更长的时期内，儿童会对双亲中的异性一方（女孩倾向于父亲，男孩倾向于母亲)产生带有性欲色彩的爱慕与占有的无意识冲动，同时展现出对同性一方的嫉妒与排斥。在3～6岁的儿童身上，我们能明显观察到“恋父情结”或“恋母情结”的表现。例如，男孩会紧紧缠着妈妈，甚至表示要与妈妈结婚，长大后希望找一个像妈妈一样的女朋友；而女孩则可能对妈妈表现出嫉妒与排斥，与爸爸更为亲近。

（二）男孩的焦虑与女孩的自卑

弗洛伊德认为，男孩(包括成年男性)的主导情绪是焦虑，而女性的主导情绪是自卑。这两种情结均源自生殖器期的“阳具崇拜”。女孩因缺少与男性相同的生殖器，认为自己是不完整的人，从而种下了自卑的种子。而男孩则因害怕失去男性器官，如担心若自己对母亲的爱被父亲发现就会被阉割，从而产生“阉割恐惧”和焦虑。为逃避这种与生俱来的焦虑，男性更多地展现出进取、竞争、占有等行为；为摆脱最初的性别自卑感，女性则倾向于表现出依赖、服从等行为。

当然，弗洛伊德这种主观臆想的说法遭到了很多学者，尤其是女性主义者的反对。她们认为弗洛伊德对女性心理的论述存在赤裸裸的女性歧视，因为弗洛伊德假定男人为“完整的人”，而女人则因缺少阳性器官被视为“不完整的人”。

四、精神分析的修正与发展

后人对弗洛伊德及其理论的态度表现出极端分化的特点，既有将其捧上天的赞扬，又有将其踩入地的批评。精神分析无疑是极具争议性的理论。然而，对于弗洛伊德，我们既能赞扬他，又能批评他，但终究无法绕开他。弗洛伊德的理论带有强烈的生物本能论色彩，过分强调了人的本能冲动和性欲的作用。在弗洛伊德看来，人似乎被无意识所决定，被早期经历(尤其是创伤)所束缚，难以走出心灵的黑洞。因此，后人在评价弗洛伊德时，经常使用“泛性论”“生物本能论”“决定论”“悲观主义者”等标签。然而，这些批评并未削弱精神分析的独特魅力，弗洛伊德及其理论就像一位勇士一样勇敢地探索人性的深奥并直面人性的复杂。

后来，人们怀着复杂的心情对弗洛伊德的理论进行了各方面的修正与发展，由此产生了一些新的理论分支，如人际关系学派、社会文化学派和自我学派。这些流派被统称为“新精神分析”，以区别于弗洛伊德的经典精神分析。如今，精神分析已成为最具影响力的第一大学派，被广泛应用于各领域，其影响力远远超出了心理学范围，从根本上改变了人类对自我的认知。

第二节　社会认知理论

如果在拥挤的公交车上被人踩了一脚，那么你会作何反应呢？是感到很生气，是与对方争吵甚至打架，还是一笑了之？每个人的回答可能各不相同吧。同样的社会情景下，为什么人与人的反应如此不同呢？这关键要看行为主体对当时的情景是如何判断、如何理解的。你如果认为对方是故意挑衅，就可能会表现出生气；你如果认为这种行为绝对不可原谅，就可能会回击对方；你如果认为这是因人多拥挤而难以避免的情况，不值得太过计较，就可能会选择一笑而过，不予计较。

社会认知理论从认知过程的角度来解释人的社会行为，强调人的行为取决于其对社会情境的知觉方式。而个人对情境的解释和理解是一种内在的心理过程，具有主动性和主观性。其中，认知失调理论和社会认同理论是认知学派最具代表性的理论。

一、认知失调理论

认知系统之间有保持一致性的需要和倾向。当各认知因素之间出现“非配合性关系”时，认知主体就会产生认知失调。这种失调会带来心理压力，促使人改变观念或者行为，以减少或避免这种失调，达到新的认知平衡。例如，吸烟（行为）的人意识到吸烟有害健康（态度），于是下定决心戒烟（改变行为）。反之，吸烟者如果不想戒烟，就会改变认知，为自己的吸烟行为寻找理由，声称吸烟对健康没有影响，或者引入新的认知元素，如吸烟对健康的影响因人而异，自己不会受影响。这样便解决了认知失调，维系了认知系统的一致性。当遇到新旧经验不一致、逻辑或常识相悖的情况，或者面临价值伦理、文化冲突等情境时，人们容易陷入认知失调的状态。而认知失调正是推动个体转变态度或改变行为的重要因素之一。

二、社会认同理论

如果有人说你这个人很好，但同时又说你那个地方的人（除了你）都特别坏，那么你会有什么感觉呢？你可能会觉得他伤害了你的“群体自尊”，让你的自我认同感受到打击。因为除了个体层面的自我认同感外，人还有社会层面的认同感。这源于个体对自己作为某个社会群体成员的认识，以及附加在这种身份上的价值和情感。人们总是根据自己所属的群体来界定和评价自己。为了追求积极的社会认同，在群际比较时，人们往往偏向于自己的群体。这是一种“谁不说俺家乡好”的心态，也叫内群体偏爱，即个体倾向于给予自己所在群体的成员更多的正面评价，而对群体外的成员则给予相对负面的评价或不给予足够的资源和支持。

第三节　行为主义理论

行为主义理论认为，人的心理活动就是在各种刺激之下做出的相应反应。“刺激—反应”是行为主义的基本公式。刺激和反应之间通过学习与强化机制来建立起联结。某些行为因受到正强化而被保留并加强；相反，某些行为则因受到负强化而逐渐减少或消失。行为主义理论认为，人的行为是通过强化和社会学习过程被塑造起来的。人之所以学会某种行为，是因为这种行为和愉快的结果产生联系，或满足自己的需要。人之所以避免某种行为，是因为这种行为给人带来不愉快的后果，这就是强化的实质。例如，孩子学会帮助他人，可能是因为在帮助父母做家务时获得了表扬，这是正强化对行为的促进和导向作用。相反，孩子如果不完成作业就会失去玩玩具的机会或受到其他惩罚，那么就会减少不写作业的行为。

行为主义认为，人的攻击行为、人际吸引、态度改变等均可通过强化原理来阐释。除了直接强化外，人还能通过观察并模仿他人的行为来习得某种行为，这就是观察学习。经过多次学习，人会形成自动反应机制，即独特的行为模式。当遇到类似或相同情境时，人便会采取惯常的方式做出反应。

行为主义主张环境决定论，其代表人物华生曾说：“给我一打健康的儿童，在由我自己设计好的特定的世界里把他们养育成人。我可以保证，无论其天赋、兴趣、能力、特长以及他们祖先的种族如何，我都能把他们随机训练成任何一种类型的专家——医生、律师、艺术家、商人、政治家，当然也可以是乞丐、小偷。这里没有一样是能力、天赋、气质、智力结构和行为特征的遗传结果。”

心理延伸
教育中行为正强化（表扬）的运用

行为主义摒弃了心理学中难以测量的无意识、认知、情绪等术语，将心理活动还原到可观测的外部行为，致力于使心理学变得更加实证、可操作。然而，在追求心理学“科学化”的同时，行为主义也简化了人的心理，并且带有明显的操控意味。对于行为主义背后所蕴含的人性观、实用主义和操控主义倾向，我们需要从价值伦理的角度进行深入探讨。

心理延伸
教育中行为负强化（惩罚）的运用

第四节　人本主义理论

人本主义既批判行为主义的机械环境决定论，又反对精神分析的本能生物决定论。人本主义强调，心理学应该研究人的本性、潜能、尊严和价值，以及那些对人类进步具有深远影响的现实问题。弗洛伊德主义倾向于以病态视角审视人，认为人的内心深处有个黑洞。行为主义则倾向于以机械的眼光审视人，认为人的行为可以被预测、塑造和控制。而人本主义则倡导回归人本身，将人视为拥有丰富内心世界和完整人格的存在。人本主义关注行为背后的需要，关注人在现实中的体验和感受，关注人的价值、尊严和意义，相信人的潜能。可以说，人本主义秉持的是人性本善的价值立场，开创了积极心理学的崭新取向。

我们将结合以下事例来对比三个心理学流派的特点。

【事例】一名小学生在课堂上不时地制造混乱，时而发出怪异的声响，时而做出滑稽的鬼脸，甚至影响到周围同学的学习。

（1）精神分析理论认为，这名学生的行为源于其无意识中的本能冲动，他通过捣乱的方式来宣泄攻击欲。因此，老师需要对他的无意识进行深入的分析与解释。

（2）行为主义学派会认定这名学生存在行为问题，即他习得了不恰当的课堂反应方式。因此，老师应该对这名学生进行行为矫正，即明确指出他的错误行为，并采取相应的批评和处罚措施。

（3）人本主义学派则会倾听这名学生内心的声音，探究他是否在课堂上被忽视（关注当事人的真实感受），分析他是否因此用这种方式得到关注（看到行为背后的需要）。在人本主义视角下，虽然这名学生的外在表现方式欠妥，但是其行为背后所反映的对归属和爱的普遍需求是完全可以理解的。因此，老师应该从学生的感受层面出发，共情并理解其行为背后的原因，而非仅仅简单地处置表面上的行为问题。老师应当接纳这名学生，而不应因其某些行为而轻易给其贴上“坏孩子”的标签。

一、马斯洛的需要层次理论

人本主义心理学的奠基者马斯洛提出了需要层次理论。他认为，人类行为的心理驱动力源于人的基本需要，这些需要是人类内在且天生的，并按先后顺序逐步发展。他将这些需要划分为五个层次，由下而上依次是：生理需要、安全需要、归属与爱的需要、尊重需要及自我实现需要，具体如图 1-4-1 所示。

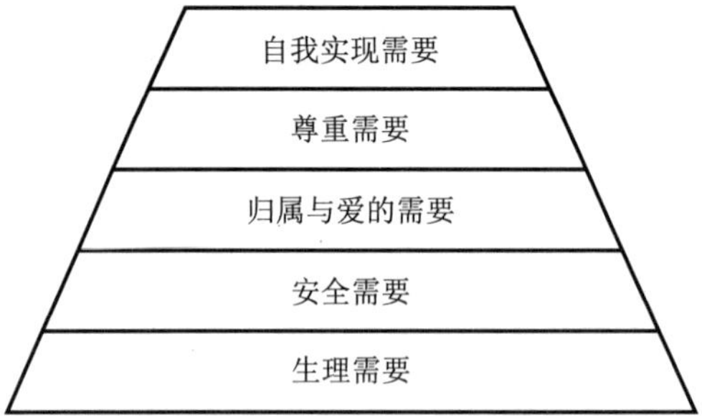

图 1-4-1　马斯洛的需要层次理论

（1）生理需要是个人维持生存所必需的基本条件，如衣、食、住等方面。

（2）安全需要包括心理上与物质上的安全保障，如人身安全、健康保障、资源所有性、财产所有性、道德保障、工作职位保障和家庭安全等。

（3）归属与爱的需要，也称社交的需要，是指个人渴望得到家庭、团体、朋友和同事的认同，是对友情、信任、温暖和爱情的需要。

（4）尊重需要可以分为自尊、他尊及权力欲三类，包括自我尊重、自我评价，以及来自他人的认可与尊重，同时也包含对他人的尊重。

（5）自我实现需要是指个体经由自身的努力，使生活和工作变得富有意义，进而确保个人潜能得以全面发挥，个人价值获得充分实现。

二、罗杰斯的人格自我理论

人本心理学的另一位创始人罗杰斯长期从事心理咨询实践和研究，他运用来访者中心治疗，对来访者无条件地积极关怀，使来访者实现自己、维持自己、提高自己。罗杰斯认为，每个人都是自由的行动者，能够自由地做出选择、制定目标，并解释自己的生活选择。每个人都渴望充分发挥自身的潜能，并有着超越当前状况的基本需求。然而，由于环境和社会的种种阻挠与障碍，人们往往忽视了主观经验的重要性，导致自我发展受阻，无法真正认识自我，进而无法发挥自身的潜能。要了解一个人的主观经验，最直接的途径便是倾听他的诉说。因此，罗杰斯特别强调倾听的积极作用和重要性。

罗杰斯在自己独创的心理咨询方法中提出了三个核心条件：共情理解、真诚一致和无条件积极关注。这些条件旨在建立咨询师与来访者之间平等、尊重和信任的关系。首先，共情理解要求咨询师对来访者的体验、期望和需要感同身受，并表示理解和接纳。其次，鼓励来访者表达真实的自我，做到表里如一，不受外化的自我概念束缚。再次，无条件积极关注意味着咨询师向来访者传递正面的肯定与关注，而这种关注不附加任何条件，不会因来访者的表现好坏或对错而肯定或否定其作为人的价值。

只有满足了上述三个条件，才能实现自我疗愈的效果，使来访者做健康的和功能充分发挥的人。罗杰斯提出的这一思想揭示了理想化人格自我形成的过程，并被广泛应用于教育改革和人际关系等领域，从而产生了深远的影响。

心理延伸

“看见”与“被看见”:深层次关注

第五节　符号互动理论

有的人为什么要穿名牌衣服？大部分走在时尚前沿的人都知道，许多奢侈品并非由昂贵的原材料制成，有的包和衣物甚至以帆布、麻等材质制作，但这些产品仍能标价高达数万乃至数十万。即便如此，依然有人排队抢购。我们不禁要问：在消费奢侈品时，人们到底想要表达什么意图呢？实际上，此时品牌的意义已远超产品本身的价值与功能，如一件衣服对人的意义早已超出了遮体御寒的基本作用，更不是单纯审美那么简单。品牌本身就是一种语言、一种符号，彰显着使用者的品位、消费能力、文化修养、审美眼光、社会地位……当物品超出了本身价值，并转化成另一种象征意义时，它们就成为符号。人与人的互动并非全然基于直接和实体的接触，更多的时候，是通过符号这一媒介来进行互动的。

符号是指所有能代表人的某种意义的事物，如语言、文字、动作、物品和场景等。一个事物之所以成为符号是因为人们赋予了它某种意义，而这种意义是大家（相关的人）所公认的。使用符号是人特有的高级能力，而人的意识活动正是在社会活动中掌握和运用符号的过程。个体通过人际互动来学习有意义的符号，然后运用这种符号进行互动并发展自我。如果某人没有使用符号的能力，那么其心智、自我等将处于混乱之中，或者说失去了存在的依据。在整个符号系统中，语言符号是最重要的。语言是社会情境中个体与他人顺利互动所必需的文化前提。人在社会情境中不断接受各种符号，对这些符号进行解读并赋予意义，然后选择相应的社会行为及情景与之互动。

符号互动在人际沟通和互动中最为常用，它得以进行的前提是双方拥有相似的符号系统并能对符号做出相应解读。社会与个人通过符号相互影响、相互制约，其中个人借助符号主动地表达对社会的理解，同时积极改造社会。

第六节　新兴的心理学思潮

一、社会文化学

文化学导向理论认为,心理活动与一定的文化背景、历史背景和风俗习惯密切联系在一起,其中认知、情感和行为都存在于一定的社会文化背景中,而不同的社会实践活动是社会认知的来源。社会文化学着重研究不同文化、时代和情境下个体的社会活动差别。社会文化学借鉴文化人类学的方法,研究一定文化背景下个体为达到某种目的而进行的实际活动,并认为这些实际活动以一定的社会交往、社会规范和社会文化产品为背景。个体以自己原有的知识与经验为基础,通过一系列的活动来解决所出现的各种问题,最终达到活动的目标。

不同文化背景和文化规范的人在待人接物的方式、用餐习惯的选择、抚养子女的模式及成年后的性格特点等方面均展现出显著的差异。在崇尚"男子汉"气概的社会里,攻击行为更为常见并且容易传递给下一代。有学者考察了美国内部两种不同文化后得出结论:来自英格兰并定居东海岸的人往往冷静且注重合作,来自苏格兰并定居南部的人往往崇尚武力和个人荣誉。这导致南方白人的自杀率远高于东部定居区。文化派代表人物弗洛姆认为,文化对人格的影响存在于同一个群体使用的语言、禁忌、仪式和风俗之中。

二、进化心理学

进化心理学从进化论的角度来解释人类的社会行为和社会生活。众所周知,进化论的基本思想是自然选择,它指出任何物种的最基本动力是生存与繁衍。人类的行为同样是在漫长的进化过程中经过自然选择,保留下了对人类种族生存、繁衍和发展最有用的心理模式。

进化心理学告诉我们,要理解人类行为,就需要洞察进化的心理机制,并探究这些机制背后的功能及其进化的根源。例如,面对社会生活中的一个常见现象:为什么人们普遍认为皮肤白皙、头发有光泽、腰细臀圆的女性是美女?这是因为这样的女性通常气血充盈,身体结构优化,更利于生育,即更可能为种族繁衍出优质的后代。这种审美观进而引起了许多行为,如女性化妆时涂口红、抹腮红、涂红指甲,都是为了使自己更加光鲜亮丽。我们往往理所当然地认为这就是美，却忽略了美的观念其实源自人类最原始的繁衍后代、优胜劣汰的基本动力。进化心理学也能解释为何男性相较于女性更容易陷入婚外情。原因在于男性存在“生殖困惑”和“生殖焦虑”，其雄性本能中有一种留下更多自己基因的强烈冲动。为什么孩子出生时长得像父亲或母亲？这是因为孩子通过这种显性的符号来唤醒父母的爱，从而获得更好的抚育条件。为什么在多子女家庭中排行不同的孩子性格不同？这是因为同一家庭中的兄弟姐妹之间也存在生存竞争，他们通过选择不同的发展路径（如形成不同的个性），从不同方面获得父母的爱与关注。

三、社会建构主义心理学

社会建构主义心理学认为，心理不是对客观现实的简单反映，而是复杂的社会建构过程的产物。感觉不仅是大脑的一种生理功能，还是“传统”的一部分；记忆不是个体内部的心理过程，而是一种“社会事件”或“集体行为”，是发生在人与人之间的事情；情感并非人或有机体对刺激的“自然反应”，而是对某种社会文化背景中“情感剧本”的表演。人的身份同样是社会建构的结果。因此，社会建构主义心理学主张将研究对象从个体内在心理转向外部的社会建构过程。社会建构主义心理学对现代心理学中的某些信念进行了反思和批判，指出其对心理本质和规律的认识并非客观或唯一的真理。例如，对待同一个行为反应和心理过程，我们可以有不同的建构方式，即多种解释和可能性。因此，对待社会现象，我们应超越“真假”“对错”的对立区分，转而思考它们是如何塑造我们的心理世界的。

现在，我们运用社会建构的思维来思考一个问题：孩子不喜欢上学是问题吗？当前，绝大多数家长会毫不犹豫地将其视为问题，甚至是一个极为严重的问题。孩子不喜欢运动是问题吗？很多家长并不认为是问题，至少不觉得是个大问题。孩子不喜欢某种口味的食物是问题吗？大部分家长都会说，这不算问题，毕竟每个人都有自己的口味偏好。同样是关乎个人喜好，为何不喜欢上学就被视为问题，而不喜欢某种口味的食物就不是问题呢？回溯几十年前，那时的孩子不喜欢读书，而更乐于在田野间玩耍或参与劳动，这在当时是问题吗？那么，问题究竟是如何被社会建构起来的？这便是社会建构主义心理学给予我们的深刻启示。

四、叙事心理学

叙事心理学深受后现代哲学的影响，并借鉴了社会建构主义心理学和文艺批评理论。叙事心理学认为，人生来便处于故事之中，这些故事构建了个人看待世界、他人及自我的方式,并规定了经验的模式。叙事就是个体通过讲故事的方式把人生经验的本质或意义表达出来。在叙述过程中,至少并存着两种声音:一是事件本身的声音;二是讲述者的声音,也被称作“叙述人的口吻”或“叙事风格”。叙述人的口吻有时要比事件本身更为重要。“叙事即生活”,我们通过叙事构建真实,并通过改变叙事风格来探寻新的选择。生活故事具有多重性,这意味着在同一时间内会有若干个故事同时发生。同时,同一个事件也可以被编织成不同的故事来叙述,而每个故事中都可能包含模糊或自相矛盾之处,关键在于当事人如何组织并讲述这些故事。历经岁月洗礼的人可以选择人生的某些片段,以“悲惨”为主题串联,从而呈现出一个“悲惨”的人生。反之,人们若以“幸运”为主题,选取幸运片段,则可以讲述一个“幸运”的人生。面对同一个剧本——生活事件,当事人依据自己的视角能构建出多种可能性。通过对叙事风格、故事结构等文本进行话语分析,我们可以洞察个人的内心世界及其背后的社会文化建构。例如,有的人讲话大而空,充斥着套话、官话,全是“宏大话语”而缺乏“私人叙事”,没有实质内容,这种风格内化到他的生活和人格中,使他变成一个僵化且不务实的人。

心理随笔

谁动了我的柠檬

众所周知,有一种心态被称为“酸葡萄效应”。在《狐狸和葡萄》的故事中,当狐狸吃不到葡萄时,为什么会说葡萄酸呢?这是因为通过声称葡萄酸,狐狸将自己吃不到葡萄的事实转化为自己本就不想吃,以此掩饰尴尬和失落。不把原因归结为葡萄的问题,难道要承认自己很笨、很丢人吗?不,遇到这种情况,我们往往会在无意识中启动心理防御机制,给自己一个合理的解释,以保护内心不受伤害。

心理防御机制是一种自我保护的方式。它在我们难以直面某些问题时会不自觉地启动。心理防御机制有多种表现形式,除了广为人知的“酸葡萄效应”外,还有“甜柠檬效应”。如果吃不到葡萄就说葡萄酸,那么人们有时会退而求其次,选择去吃柠檬。是不是柠檬不如葡萄好吃?人们通常会抱着自己的柠檬否认:“不,我的这颗柠檬其实是甜的!”至于葡萄是否真的酸涩,柠檬是否真的甘甜,这只能各自品尝后才能体会,正如饮水一般,冷暖自知。

有一个女孩,家境优越,相貌出众,为人和善。大学毕业后,她在县城重点中学谋得了一份不错的工作。到了适婚年龄,她自然而然地成为热心大姐和大妈们重点介绍的对象。在恋爱问题上,她表现得非常积极且高调。应该说,本就顺风顺水的她,若能再找到一个如意郎君,人生便堪称完美了。而以她的条件,在众多追求者中挑选一位佳偶,并非难事。她曾明确提出了择偶的“三不”标准:不找当老师的(职业互补更好),不找来自农村的(希望生活方式和价值理念一致),不找身高低于一米八的(至少与她一米七的高挑身材般配)。平心而论,她提出的这些条件也算合理。然而,生活往往不会按个人的设想进行,更不会按个人的意愿运转。

经过几年的挑选和等待,她转眼间年过三十,成了大龄“剩女”,并开始隐约表现出婚恋焦虑。在她三十二岁那年,她终于结婚了。她的丈夫是一位来自农村、家境贫寒的乡村小学代课教师,并且身高比她矮了一截。

她为何会选择现在的老公,她的婚姻生活如何,这些都是外人难以窥探的。有人或许还记得她当年高调宣布的“三不”标准,但大多数人或许早已忘却。问题在于,她是否还在意自己曾经的坚持?她如果在意,那么又如何为自己的选择找到合理的解释呢?她如果真的已经释怀,那么又何必刻意去寻找理由呢?人总是需要给自己一个交代,而那些向外界的解释,其实更多是在为自己的内心找到一个平衡点。

婚后的她看上去非常幸福,她也总是刻意向别人展示她的幸福。耐人寻味的是,她反复强调并炫耀自己的爱情,这背后似乎在维护着什么。遇到朋友和同事,特别是那些曾给她介绍过对象的人,她会主动分享自己的幸福。她的丈夫虽然条件不如她,但是对她呵护备至,让她感受到了女王般的幸福。在与年轻女孩谈论爱情时,她也会分享自己的感悟。她说:“爱情啊,就是一种说不出的感觉。以前有那么多的追求者,不乏富二代、官二代,还有银行职员、公务员,但我对他们就是不感兴趣。见到我老公的第一眼,我就感到特别踏实,有一种说不出的亲切感。我们第一次约会,竟然聊了个通宵。我想,这就是缘分吧。咱们女孩不要看表面的什么家境啊、相貌啊、收入啊,有感觉并对你好才是最重要的。”接着,她在女孩们的点赞声中继续讲述丈夫对她的体贴入微,赢得了女孩们的羡慕。她自豪地说:“他虽然不是白马王子,但是能给我踏实的生活。难道我的选择不对吗?谁敢说我这朵鲜花插在了牛粪上?谁还能说我挑肥拣瘦嫁个没肉的?幸福,不就是一种感觉吗?”然而,在她的内心深处,其实并未完全放下,她总会想象有人议论她,害怕被人窥见幸福背后的那一丝遗憾。

从精神分析的视角来看,我们能洞察到她为何选择了柠檬,以及她是如何小心翼翼地呵护着这颗柠檬。只要她的柠檬不被触动,她就会逐渐放下心中关于“酸葡萄”与“甜柠檬”的所有幻想,步入真实的生活。

她的一位同事,与她一同被誉为单位的两大美女教师。这位同事虽然在能力和性格方面稍逊于她，但是运气偏偏比她好一些。在相同的条件和资历下，同事嫁给了众人称羡的白马王子。而这位同事性格高调，时常在她面前炫耀幸福。同样是秀幸福，但两人的内心感受却截然不同。

有一次，因工作中的一件小事，她和这位同事起了争执。同事口无遮拦地说了一大通："你别借题发挥，说到底你就是看不惯我、嫉妒我吧？咱俩心里都清楚，你对我有些酸酸的感觉吧？你总觉得自己不比我差，可惜啊，你在女人最关键的一环上输了。你挑三拣四，最后选了个和你的'三不'标准完全'契合'的老公！你怕别人笑话，拼命伪装幸福，但和我比起来，你还是心理不平衡……"未等同事说完，她已无法控制情绪，冲过去揪住同事的头发，扇了几个耳光。

为人师表的教师在办公室大打出手，此事引起了轰动。"恐怕大家不仅会就事论事，还会提及我们打架的缘由，以及同事说的那番话，我不想见他们！"事后，她这么对我说。我想安慰她，别人或许早把这事忘了，不要总以为自己是他人关注的焦点。但对她而言，她相信这种流言蜚语会一直存在。有时，"想象中"的影响与客观影响是一样的。人的世界存在两种真实：一种是客观存在的真实，另一种是主观构建的真实。

半年后，她报名参加了下乡支教活动，离开了给她留下阴影的城市，扎根山区，献身乡村教育。从此以后，她再也不用为了活给别人看而紧抱那颗柠檬了。

第二章　社会认知

导　读

我们先来做一个有趣的实验。请根据你的印象，在纸上分别画出一个一角硬币大小和一个一元硬币大小的圆圈。随后，拿出实物对照一下，看看是画得偏大还是偏小。接下来，比较两个圆圈与两个硬币之间的大小差异。你是不是常常会把一角的硬币画得比实际小，而把一元的硬币画得比实际大？

心理学家通过进一步实验发现，贫困家庭的孩子所画的硬币往往比实际更大。为什么会这样呢？原来，硬币不仅仅是客观的圆形，我们还赋予了它们“一角”或“一元”的价值。这种心理意义的社会价值影响了我们认知的客观性。

第一节　社会认知概述

一、社会认知

在社会活动中，人们会对外界情境和他人的行为有所察觉，并据此形成个人的判断。而这些判断和评价会进一步影响他们的行为和反应。例如，深夜里遇到一个陌生人跟在你身后，你会如何应对？最终的行为取决于个体对当前情境的认知过程。你如果判断那个人只是同样在赶路，认为这是正常情况，就会坦然地继续前行。然而，你如果察觉到对方可能怀有恶意，就会感到恐惧，并决定逃离。

人如何感知他人和周围世界呢？为什么人们很难形成完全客观的认识？是哪些因素导致我们出现了认知偏差？接下来，我们逐一讨论这些问题。

在这里，我们需要提及内隐社会认知这一概念。内隐认知与外显认知的过程有所不同。内隐认知是指在社会认知过程中，某些经验虽然不能被回忆，但是能对个体的行为判断产生影响，即无意识参与的过程。它是在缺乏意识监控或意识状态不明确的情况下，由认知主体对社会刺激进行组织和解释的过程。内隐认知因在潜移默化中发生且不需要刻意感知和记忆而被众多领域巧妙运用，其中最为常见且典型的例子便是广告植入。

内隐认知虽然属于无意识过程，但是对人的认知和行为的影响是确实存在的。我们不妨回想一下影片中经常出现的抽烟镜头，主人公抽烟的动作往往有意无意地传递出一种隐含信息，那就是抽烟是一种很酷的行为。这种内隐认知加剧了人们对吸烟行为的接受与模仿，尤其是青少年群体。此外，随处可见的利用内隐认知植入的各类广告与信息，已经在很大程度上改变了现代人的认知图式。

二、社会认知法则

在认知过程中，人们会运用已有的认知图式做出解释，并借助类属思维对事物进行分类，力求使认知过程尽可能简化。为了达到这一简化认知的目标，在特定情境下，我们的思维会遵循一些特定的认知法则，如便利法则、象征性法则、信息比例法则和锚定与调整法则。

（一）便利法则

便利法则是指根据一件事进入脑海的难易程度来做出判断。例如，当看到一个手持刀具的人时，我们可能会认为他是一个坏人，而不会想到他可能是一个正在与歹徒英勇搏斗的好人。相较于后者，前者的判断显然更为容易。由此可见，在社会认知中，人们往往追求的是简单便利，而非正确客观。

（二）象征性法则

象征性法则是指根据事物与某类型事物的相似程度来进行归类。例如，当看到一张桌子时，我们会将其与大脑中桌子的形状进行对比，从而判断它是书桌、餐桌，还是办公桌。同样地，当看到婚纱照时，我们便会认定照片中的男女是夫妻。

（三）信息比例法则

信息比例法则是指根据总体中不同类别成员所占的相对比例信息来做出判断。例如，在山东本地判断一个人来自哪里时，我们会考虑这个人是不是山东人，因为在山东本地，山东人所占的比例是最大的。

（四）锚定与调整法则

锚定与调整法则是指以一个数值作为起始点，并基于这个起始点进行调整，但这种调整往往并不充分。例如，在判断乐山大佛的高度时，若有两种叙述情境：一种是提到“小妹妹昨天刚过5岁生日”，随后要求人们对乐山大佛的高度进行估计；另一种是提到“张三的父亲75岁了”，再询问乐山大佛的高度。结果发现，在第二种情境下，人们对乐山大佛高度的判断值要高于第一种情境下的判断值。

第二节　对自我的认知——自我概念

某日，富商闲来无事，便到大街上散步。没走多远，他便看到衣着朴素的铅笔推销员迎面走来。见此情景，富商的心中涌起一股怜悯之情，于是毫不犹豫地将一元钱放入推销员的手中，随后便缓步走开了。他本以为能听到一句感谢的话，但回头时迎上了推销员那并不领情的眼神。这时，富商才意识到自己的做法欠妥，于是连忙折返，满怀歉意地对推销员解释说：“对不起，我刚才忘记拿笔了，希望你能理解，别介意。”说着，他便从笔筒中取出几支铅笔。他又说道：“我们都是商人，不能做赔本买卖。你有东西要卖，并已经标明了价格，而我照价付款，也要拿走我买的东西。”事后，富商并未将此事放在心上，只觉得对任何人都应给予尊重，无论对方是否需要帮助。

几个月后，当富商出席一场商业活动时，一位穿着整洁的年轻人走上前来，用充满感激的眼神望着他。富商有些纳闷，一时也想不起这位年轻人是谁。这时，年轻人说道：“您或许已经不记得我了，而我也是最近才知道您的姓名。但无论您是名人还是普通人，我永远忘不了您。我就是几个月前那个铅笔推销员，当时您的举动给了我极大的尊严。在那之前，我总觉得自己像个推销铅笔的乞丐，不配得到尊重，因为很多人都只是给我钱，并没有拿走购买的铅笔。他们都误以为我是一个乞讨者。直到您走过来，告诉我，我是一个商人。虽然您只买了一元钱的铅笔，但是让我重新找回了尊严。您的话使我重新树立了自信，让我立志要成为一个真正的商人！今天，我做到了！谢谢您！”

年轻人之所以能成功，就在于通过他人的尊重获得了积极的自我概念。他不再认为自己是一个乞丐，而是把自己看成真正的商人，并最终成为成功的商人。

一个人如何看待自己，决定了其行为的方向和方式，这就是自我概念的重要性所在。

一、自我概念理论

（一）詹姆斯的自我理论

詹姆斯将自我分为“主体我”和“客体我”。“主体我”代表着人的主观能动性。“客体我”由3个要素构成：物质我、社会我和心理我，涵盖了自我评价、自我体验和自我追求等方面。詹姆斯认为，3种“客体我”都接受“主体我”的认识和评价，从而对自己形成满意或不满意的判断，并由此产生积极或消极的自我体验，进而形成自我追求，即“主体我”要求“客体我”努力保持自己的优势，以期获得社会与他人的尊重与赞赏。

（二）米德的自我理论

米德从社会整体及其与个体的互动视角来定义自我，并依据符号相互作用论的思想阐释自我及其形成与发展过程。通过研究，米德发现自我是通过学习、扮演他人角色而逐步发展起来的。自我是他人对自己看法的总和，是各种角色的总和，代表着对占有一定社会地位的人所期望的行为模式的遵循。每个人所扮演的角色是在人际互动中形成的。米德认为，影响自我形成的机制包含两类他人：一类是概念化的他人，即社会文化整体；另一类是重要的他人，即影响个人生活和人格成长的中心人物。在采取某种行为前，我们会考虑“别人”怎么看，“他们”会怎么说。这里的“别人”和“他们”不是具体指张三李四，而是指笼统的抽象意义上的他人，即外在社会价值规范内化为自我价值的一部分。重要的他人主要指父母、老师、同伴等对自我形成有具体而深刻影响的人。

（三）库利的镜中我理论

库利认为，自我只有在社会互动中才能产生，其中想象扮演着至关重要的角色。他用“镜像自我”来说明自我知觉的形成，主要包括以下3个方面。

（1）个体想象自己在他人面前的形象。

（2）个体想象他人对自己形象的评价。

（3）上述两方面结合便产生自我感受或自我知觉。

例如，一个长相并不差的女孩一直不敢谈恋爱，并拒绝所有相亲活动。她担心相亲时，男孩一见到她就会用带着讽刺的语气说："哇！没想到是个胖妞啊！"虽然这种场景完全出自她的想象，但是她无法摆脱这种想象中的打击，因此一直选择逃避。根源在于她的镜像自我："我是个胖女孩，而胖女孩不会被人喜欢。"

（四）埃里克森的自我同一性理论

埃里克森认为，人的一生会经历一系列自我同一性危机。面对这些危机时，人们会采取积极或消极的态度，从而对自我的发展产生深远的影响。埃里克森将人的一生分成 8 个阶段，认为每个阶段都面临特定的心理危机和心理社会发展任务，见表 2-2-1。而通过采取适当的方式来应对这些危机，人们能够促进自我成熟，并构建稳定的自我同一性。

表 2-2-1　埃里克森的八阶段理论

发展阶段	主要冲突与任务	心理品质
婴儿期（0～1 岁）	基本信任与不信任。 重要联系：照顾者。 任务：对世界的信任超过不信任	希望、安全感
幼儿期（2～3 岁）	自主还是羞怯与怀疑。 重要联系：父母。 任务：在怀疑和羞怯中发展独立性	意志力、自主感
幼儿期（4～6 岁）	主动与内疚。 重要联系：家庭。 任务：探索与好奇，不断尝试新的任务	目的、主动性
童年期（7～12 岁）	勤奋与自卑。 重要联系：学校和同伴。 任务：学习知识，克服自卑，树立自信	能力、勤奋感
青少年期（13～18 岁）	同一性与角色混乱。 重要联系：同辈群体、角色模式。 任务：发展自我同一性，并逐步成熟	自我认同、成为自己
青年期（19～40 岁）	亲密与孤独。 重要联系：爱人、伴侣、亲密朋友。 任务：爱、承诺与责任，建立亲密关系，而非专注自我，与社会疏离	交往与爱
中年期（41～60 岁）	繁殖与停滞。 重要联系：家庭、同事、社会规范。 任务：培养和指导下一代，生产与创造，而非停滞不前	关怀
老年期（61 岁以后）	自我整合与绝望。 重要联系：所有人类。 任务：回顾一生，坦然面对生老病死，而非绝望、沮丧，对死亡充满恐惧	智慧、人生感悟

（五）沙利文的人际关系学说

人际关系学说十分强调自我发展的人际关系基础，尤其是早期的母婴关系。自我发展来自与他人接触时所体验的感受，以及对他人的反映性评价或感知。愉快的经历会催生“好我”，而痛苦和安全感受到威胁的经历则产生“坏我”，当面对难以承受的焦虑时会产生“非我”或被拒绝的自我部分，这些均为人际关系经验的产物。

在某小学调研时，我要求二年级的学生用“我”字开头造句。孩子们纷纷踊跃发言，有的说道：“我很聪明！”有的说道：“我是爸爸妈妈的好宝贝！”有的说道：“我长大了要像妈妈一样当医生。”然而，一个小男孩在纸条上写道：“我很贱，我喜欢犯贱！”这令我极为震惊。通过观察他与家人的亲子关系及互动模式，我逐渐理解了男孩为何会如此定义自己。他的妈妈常采用指责和否定的教育方式，而且经常以“这孩子又犯贱”“老实点，别犯贱”“看看人家的孩子，你怎么这么贱”等口头禅来训诫他。想到这里，我不禁感到十分痛心。

二、自我概念的功能

自我概念是个人关于自身的认识与观念，基于个人按照一定价值标准对自己进行价值评判后所获得的自我评价和自我价值感。我们常说的“我是谁”“我怎样”“我是某某”“我有什么”及“我的什么”等，都是在不同层面对自我概念的表达。自我概念由 3 种成分构成：自我认知、自我体验和自我控制。自我认知涉及主观的我对客观的我的认知与评价，涵盖自我感觉、自我评价等方面。自我体验则是自己对自己产生的情绪体验，即主我对客我的态度，包括自尊、自卑、责任感及优越感等。自我控制则表现为对个体的生理状态、情绪状态和意志状态的发动与抑制，涵盖自立、自信、自制及自律等方面。

自我概念是心理的内核，是人内心深处自内而外发散出的心理能量。自我概念的功能如下。

（一）维持自我同一性

自我概念使人们保持着内在一致性，人的思想、情感、行为都围绕着一个内核展开，这个内核就是自我概念。一个自诩“优雅、高贵、知性”的女孩，必定会注重自己的衣着打扮，热爱阅读，并在言谈举止方面力求符合“优雅”的准则，时时刻刻都展现出自己的“高贵”气质。

（二）影响对经验的解释

人们在同一事件中可能会获得完全相同的经验，但不可能形成对经验完全相同的解释。当一个人的自我概念消极时，他对经验的解释也会是消极的。而当一个人的自我概念积极时，他对经验的解释也会是积极的。一个自我定义为“浪漫迷人”的女孩，面对失败的感情时，解释说：“我们分手是因为我们爱得太深了，深得令对方感到窒息，所以我们忧伤又平静地分手了。”

（三）影响期望定向

在各种情境中，自我概念决定了人们对事情发生的期待、对情境中其他人行为的解释及自己在情境中如何行动。自我概念会激发与其性质相符的期望，并促使人们采取能够实现这些期望的行为方式，从而产生一种效应，即“自我实现的预言”。简而言之，你只有坚信自己是什么样的人，才能成为内心深处的那个自己。

第三节　对他人的认知——印象

印象是人在初次遇到新的社会情境时，基于自身以往经验进行的主观解读，随后将情境中的人或事物进行归类，形成对相关人或事物的概念。这是社会知觉过程的结果。当刚认识一个人的时候，我们总是依据有限的信息迅速形成对该人的印象，即第一印象。在构成第一印象的诸多要素中，评价最为关键且有力，决定了我们在多大程度上喜欢或厌恶对方。

人们将他人的若干有意义的人格特性进行概括和综合，从而形成一个具有结论意义的特性的过程，即印象形成。印象形成是人们适应新社会情境的一种方式，具有定向作用，即第一印象在很大程度上决定了人们的反应。例如，面对陌生人时，是接近还是回避，往往取决于对该人的第一印象。

一、印象形成

（一）印象形成的影响因素

在印象形成的过程中，我们总是遵循着一定的信息选择倾向。这一过程中，以下三方面的因素会对印象的形成产生影响。

1. 自然特征

自然特性指的是人的生理特性和天生属性，包括性别、种族、年龄、相貌和外表吸引力等。在第一印象的形成过程中，自然特性的作用尤为重要。美国一家电台做了一项实验。他们邀请了一位明星分别装扮成年轻女性、孕妇和“嬉皮士”的形象，在高速公路入口处模拟因汽车故障而求助的场景。实验结果显示，装扮成年轻女性时获得了最多的帮助，而装扮成“嬉皮士”时获得的帮助最少。

2. 社会特征

在印象形成的过程中，我们会先确定对方的社会角色或将其归入某类群体，随后根据这些信息做出评价。例如，消防员救火会被认为是谨守职责，而学生救火则会被评价为见义勇为。

3. 心理特征

心理特征包括人际关系特征和智力特征等。一般来说，人际关系良好且聪明的人，往往会给他人留下较好的印象。

在面对上述众多信息时，我们会通过筛选、输入和加工这些信息，最终形成一个总体印象。

（二）印象形成过程中的知觉偏差

1. 首因效应

在总体印象形成的过程中，最初获得的信息比后来获得的信息影响更大，即首因效应。

德国社会学家通过追踪研究发现，长相有魅力的人更容易获得成功。这主要是因为人的第一印象往往基于外在相貌而形成。同时在快节奏的社会中，人们往往会根据短暂的初次接触就做出是否录取、是否合作等决定。因此，有魅力的人凭借第一印象的优势，往往能获得更多的成功机会。

2. 近因效应

在总体印象形成的过程中，最近获得的信息比原来获得的信息影响更大，即近因效应。例如，我们原先认为一个人特别好，但后来发现他有一个缺点，那么对他的整体印象便会有所降低。近因效应会影响不同表达方式的效果。例如，“那个女孩很漂亮，但就是有点胖”，这样的表述会让人对“胖”这一最近的信息留下更深的印象。而如果是“那个女孩虽然有点胖，但是非常漂亮”，就更可能让人对女孩漂亮的印象更为深刻。

3. 晕轮效应

对一个人形成某种印象后，这种印象会影响我们对其他特质的判断，使我们倾向于以与该印象相符的方式去评价其所有特点，即晕轮效应。“情人眼里出西施”“爱屋及乌”“讨厌和尚恨及袈裟”等，都是基于这一原理的表现。

4. 保守性

印象具有稳定性和渗透性，一旦形成，即便后来发现错误，人们也往往不愿意轻易改变原有的印象。面对与既有印象不符的信息，人们往往会选择忽视或重新解释，以适应自己的既有观念。例如，当认为某人是“好人”时，即使他犯了错，我们也可能选择忽视或认为他有特殊苦衷。

此外，在形成印象的过程中，人们虽然比较重视负面信息，但是通常更倾向于对他人做出正面评价。

二、印象管理与形象塑造

通常情况下，每个人都希望给他人留下良好的印象，并会采取一些措施来影响他人对自己印象的形成过程，以确保别人对自己的印象符合自己的期望。例如，在求职面试时，求职者会准备精美的简历，穿上干练的职业装；参加社交活动时，人们会刻意修饰自己的外表；在人际交往中，人们会注意自己的言谈举止。这些行为都是为了进行有效的“印象管理”。

戈夫曼在《日常生活中的自我呈现》一书中提出了“戏剧论”（也称为印象管理理论）。他认为，社会交往就像戏剧舞台，每个人都在扮演某个角色，演出一定的节目。当出现在他人面前时，人们总会试图掌控他人对自己形成的印象。对社会赞许的追求及控制交往结果的渴望促使人们进行印象管理。在社会互动中，每个人都竭力保持一种与当前社会情境相符的形象，以期获得他人的正面评价。人们如果能成功维护良好的形象，就会赢得周围人的赞许，感觉有面子；反之，则会觉得丢脸。为此，每个人都掌握着一套维护或挽回面子的策略，这些策略即为“面子功夫”，也就是实施印象管理的具体手段。

（一）印象管理过程

印象管理过程主要包括两个阶段：一是形成印象管理的动机，二是进行印象建构。

印象管理的动机是指个体希望在他人心目中塑造特定印象的欲望，即期望最大的酬赏和最小的惩罚。人们希望操控并主导自己在他人心目中的形象，以实现这一目标。个人目标与印象的关联度越高，个体进行印象管理的动机就越强烈；目标的价值越大，个体进行印象管理的动机越强烈；个体期望留给他人的印象与自认为已留给他人的印象之间的差异越大，个体进行印象管理的动机也越强烈。个体一旦萌生了塑造特定印象的动机，便会调整自身行为，以影响他人对自己的印象。这一过程便是印象建构。

（二）印象管理的策略

1.“登门槛”效应与“门面”效应

“登门槛”效应是指当个体先接受了一个小要求后，为了维持自身形象的一致性，他更倾向于接受随后提出的更大、更不合意的要求，也称为“得寸进尺”效应。

“门面”效应是指当向某人提出一个较大的要求且被拒绝后，再提出一个较小的要求时，他接受这个小要求的可能性会比直接向他提出这个小要求时要大得多。

这两种效应共同揭示了人们倾向于保持自身形象一致性的心理。如果我们表现得反复无常，别人就会认为我们不可靠，进而对我们产生捉摸不透的不良印象，导致他人不愿意与我们交往。

2. 讨好与自我提升

讨好是一种使别人喜欢自己的策略。琼斯提出了 4 种赢得他人喜欢的讨好策略：① 恭维或抬举他人；② 在意见、判断和行为上遵从别人；③ 自我表现；④ 给予好处（施惠）。这 4 种策略易于理解，但在实际应用时，关键在于适度把握，否则可能适得其反，产生意想不到的反效果。

自我提升是通过个人积极的行为或讲述自己的积极事件来给别人留下好印象的过程。展现自己的能力是进行印象管理的一种不错的选择，但一味地讨好他人，迎合外部，并不能赢得他人的真正尊重与重视。

3. 恰当的自我表露

自我表露是指个体在与他人交往时自愿且真实地展现自身行为，并倾诉个人思想。心理学家曾设计过一个实验情景，他们邀请 3 位背景相同且演讲内容完全一致的竞选人进行公开演讲。第一位竞选人表现得堪称完美，让人找不到任何缺点；第二位竞选人在进行演讲时，观众发现他稍微有点紧张；第三位竞选人则出现明显的失误，多次中断演讲。然而，出人意料的是，得票率最高的竟是第二位竞选人。人们往往更偏爱那些完美中带有小缺点的人，觉得他们更为真实、更为可信。在人际交往中，如果总是掩饰自己的真实形象和想法，他人就可能会觉得此人城府过深，不愿深交。因此，适度展现自己真实的一面，会让人感到更加信任、更加可靠。但自我表露也需要适度，因为过度的自我表露可能给双方带来不必要的心理压力。

4. 自我妨碍

自我妨碍是人们为了在面对不佳表现时避免自责，而故意为自己设置障碍并寻找借口的策略。这是一种自我保护策略，有助于我们将失败归因于暂时的、外在的因素，而非自身天赋或能力的不足，进而维护我们的自尊和公众形象。

第四节 对群体的认知——刻板印象

苏联心理学家包达列夫曾进行过一项实验。他将被试者分为两组，并分别向两组人展示同一张人物照片，照片中的人物特征鲜明，眼睛深陷，下巴外翘。对第一组人，包达列夫介绍道："此人是一名罪犯。"对第二组人，他则说："这是一位著名的学者。"随后，包达列夫要求两组被试者描述对照片中人物相貌的看法。结果显示，第一组被试者认为，眼睛深陷代表狡猾凶狠，下巴外翘则说明性格固执、冥顽不化。而第二组被试者的印象则完全相反，他们认为眼睛深陷表明此人有深邃的思想，下巴外翘则显示出他对真理的执着追求和不易放弃的学术精神。这种巨大的差异源自何处呢？原因在于被试者在事先已经对照片中人物的社会身份形成了先入为主的认知，即罪犯或学者。然后，他们按照这个既定身份的特征去解读照片上的人，并坚信自己的判断是正确的。这就是所谓的刻板印象，也称为定型效应，即人们依据头脑中关于某事或某人的既有认知和固定印象作为判断和评价的标准。实际上，刻板印象是人类思维的一种自然倾向。当提到某人是南方人时，我们会不自觉地将他归入南方人的群体类别中，并将南方人的共性特征都套用到他身上，同时也容易忽略他的个性差异。

在日常生活中，我们很容易被刻板印象所左右，而一旦刻板印象形成，就很难改变。例如，许多人认为女性应该受到保护，而男性则应该扮演保护者的角色。当这种角色互换时，人们往往难以接受。人们通常认为女性应该温柔可亲，而男性应该阳刚有力。因此，当女性展现出强悍的一面时，她们可能会被贴上"女汉子"的标签；而当男性表现出温柔的一面时，他们可能会遭到讥笑，被称为"娘娘腔"。虽然人们的观念在不断更新与进步，性别刻板印象正在逐渐减弱，但是现实中的性别歧视、性别对立等问题依然存在。

刻板印象是如何形成的呢？生活在同一地区或拥有相似文化背景的人往往表现出许多相似性。在不知不觉中，人们会将这种相似性的特点进行归纳和概括，并固化在自己的认识之中，从而形成了刻板印象。刻板印象实际上是类别化思维的产物，就如同我们常说的“物以类聚，人以群分”一样，是对事物和人群进行分类的过程。然而，类别化的结果往往导致我们过分放大或强调不同群体之间的差异。

刻板印象往往源于知觉者的动机，人们通过启用心理防御机制将群体中某个成员的消极属性视为外群体的普遍特征，并以外群体的不友好术语进行标定，进而感觉内群体成员相对于其他群体更为优越。

刻板印象是社会情境与文化传承的产物，在其形成和维系的过程中，家庭、传媒、文化传统等因素都发挥着主导性的作用。人们通过社会学习，获得了在社会环境中广泛流行的群体观念和态度，而这些观念和态度反过来又会受到社会的进一步强化。

刻板印象具有积极和消极两方面的作用。一方面，刻板印象节省了我们的时间和精力，降低了认知资源的消耗，成为我们了解他人的一个捷径。另一方面，刻板印象也往往夸大了群体间的差异，同时缩小了群体内的差异，甚至抹杀了对个性的认知。在极端情况下，刻板印象还可能阻碍我们接受新事物，并容易导致各种偏见的产生。

第五节　对事件的认知——归因

归因是指我们根据相关的外部信息和线索来推断人的内在状态，或根据外在行为表现来推测其行为背后的原因。无论是发生在自己还是他人身上的社会事件，我们都渴望找到其背后的原因，给出一个合理的解释，以获得对事件的完整认知，让心理得到满足。否则，人的心理就会产生一种未竟之感，这在心理学上被称为“心理缺口”。纵观历史，人们对历史和自然中的各种“未解之谜”从未停止过探索、解释和争论，这或许是因为人类具有强烈的归因需求。人们宁愿接受一个假设性的甚至是荒诞的解释，也不愿忍受没有解释的状态。

一、归因理论

（一）海德的归因理论

海德认为，人具有两种强烈的动机：一是形成对周围环境一致性和理解的需求，二是控制环境的愿望。基于这两种动机，海德指出，人们在归因时运用两种原则：一是共变原则，即某个特定原因在多种环境和情境中都与某个特定结果相关联；二是排除原则，即如果内外因中的某一方面足以充分解释结果，就可以排除另一方面的因素。

海德认为，行为产生的原因既可能源于人本身，又可能源于环境，或者两者兼而有之。在关于对后果负责的知觉研究中，他发现，确定谁对后果负责往往比单纯了解事件发生的原因更为重要。

（二）韦纳的归因理论

心理学家韦纳认为，成功和失败的原因包括两个维度：一是成败是由于内在因素，还是外在因素；二是决定成败的因素是经常发生的，还是偶尔发生的。只有综合这两个维度，才能做出总结性的归因。他进一步指出，能力、努力、运气和任务难度是个体分析工作成败的主要因素。

除了这两个维度外，行为原因还有第三个维度——可控性。这个维度关注的是行为动因能否由行动者个人控制。如果行为动因是可控的，那么意味着行动者可以通过主观努力去改变行为及其后果。三维归因模型见表 2-5-1。

表 2-5-1　三维归因模型

可控性	内　部		外　部	
	稳　定	不稳定	稳　定	不稳定
可　控	努力程度	心境和情绪	他人偏见	他人偶然帮助
不可控	相应能力	身体状况	任务难度	运气 突发事件

由于内控者和外控者对控制点位置的理解不同，他们对事情的态度和行为方式也会有所差异。

（三）凯利的归因理论

凯利认为，人们在归因时会像科学家一样，在所有的信息中寻找规律，同时会考虑到三个因素：客观刺激、行动者及其所处的关系或情境。其中，行动者因素属于内部归因，而客观刺激和所处的关系式情境则属于外部归因。在对这三个因素中的任何一个进行归因时，我们都要考虑以下三种行为信息。

1. 特异性(区别性)

行动者是否会对同类的其他刺激做出相同的反应,这关乎行动者的行为是否因对象的不同而有所变化。行为如果确实因对象而异,那么就具有特异性;反之,则不具有特异性。

2. 一贯性

行动者是否在任何情境和任何时候都对同一刺激物做出相同反应,即行为是否稳定持久。如果是,就一致性高,否则就一致性低。

3. 一致性

其他人是否会对同一刺激做出与行动者相同方式的反应,或者说,行动者的行为与其他人相比是否显得与众不同。如果其他人也做出了类似反应,那么一致性就高;反之,则一致性低。

个体根据这三个方面的信息变化可以得出组合方式且仅有三种组合方式。第一种组合为:一致性低、一贯性高、区别性低,即行为者的行为与众不同,总是保持一致,并且不会因对象的不同而有所变化。在这种情况下,行为的原因主要归结于行为者本身。第二种组合为:一致性高、一贯性高、区别性高,即行为者的行为与他人相似,始终如一,但会因对象的不同而有所差异。此时,行为的原因主要在于行为所指向的对象。第三种组合为:一致性低、一贯性低、区别性高,即行为者的行为与众不同,偶发且会因对象不同而变化。在此情况下,行为原因主要在于行为发生时的环境。

(四)琼斯和戴维斯的归因理论

琼斯和戴维斯的归因理论又叫对应推理理论,认为人们进行个人归因时,要从行为及其结果推导出行为的意图和动机。通常情况下,只要个人所掌握的行为及其原因的信息越丰富,针对这些作为所做出的推论就越准确。相比暂时的想法,经常出现的意图更能体现一个人的特征。

1. 行为结果的严重性

如果行为结果严重,对其原因的推断就比较困难。例如,当班级中有同学退学时,我们就难以准确地推断出具体原因。

2. 非共同性结果

所选行动方案具有区别于其他方案的特点。非共同性因素越少,相应推断的可靠性就越高,因为对行为的归因是基于非共同性结果进行的。

3. 社会期望

当一个人表现出符合社会期望的行动时，人们难以推断其真实态度。而当一个人的行为不符合社会期望时，这可能反映出行动者的真实态度，即反社会的态度。

4. 选择自由性

如果我们知道个体从事某种行动是自由选择，就会倾向于认为这个行动与其态度相对应，否则就难以进行推断。

二、归因偏差

（一）过高估计行动者的内在因素

我们在解释他人的行为时，往往会低估环境等外在因素的影响，而高估人格或态度等内在特质的影响，这种倾向称为基本归因错误。例如，一名学生为什么考试不及格？我们可能会想到他没有努力、学习态度不端正、能力不足等内部原因。

基本归因错误的原因主要有两点：一是人们倾向于对自己的活动结果负责，因此更多的是从内因去评价结果，忽视了外在因素的影响；二是因为情境中的行动者比其他因素突出，所以容易使人们将原因归咎于行动者本身，而非情境因素。

基本归因错误有时表现在行动者与观察者之间。作为评价者，人们倾向于将他人的行为归因于稳定的内部因素；而作为自我评价者，对自己的行为进行归因时却倾向于外部因素。这也正是人们往往会高估他人行为的原因所在。

（二）自我防御性归因

人在归因时总是寻找对自己最有利的原因解释。因此，面对成功或失败这两种不同的行为结果，归因方式也会有所不同。成功时，人们往往归因于个人的努力和能力等内部因素；失败时，则认为是外部诸多不利因素造成的。这种归因方式在最大程度上维护了自我形象和自我价值感，并减轻了自我否定和自我指责所带来的苦恼。

（三）选择性归因

有句话说得好："人往往只相信愿意相信的。"这意味着人在处理外界信息时会进行选择性加工，以保持认知和情感的一致性，而忽视那些不一致的信息。例如，有些人习惯于采用“阴谋论”的归因方式，他们会对一个普通事件进行片面解读，从中摘选出部分特殊信息并断章取义、过分解读，或者将几个不相关的信息强行联系在一起，以此来证明该事件非同寻常，背后隐藏着某种阴谋。这些信息本身或许是真的，但经过选择性加工后，如同将多个镜头重新剪辑，产生了不同的效果。因此，有人会被误导，将错误的归因当作“真相”。

归因是对社会事件的一种解释方式，只有方式上的差异，并无对错之分。归因方式的差异体现了人与人之间的个性差异，也是人们构建对事件认知图式的基本方式。不同的归因不仅影响人们对已发生事件的解释，还影响着人们今后的行为倾向。例如，内部归因的人面对成功时会体验到成功感和自豪感，认为成功是通过努力取得的，并会更加努力；面对失败时，他们会进行自我总结，从而吸取教训。而外部归因的人则容易怨天尤人，认为个人是无能为力的，无论成功或失败，对后续行为都持无所谓的态度。

本章所提及的认知偏差、印象形成偏差和归因偏差，与其说是偏差，不如将其视为社会认知信息加工过程中的心理效应。在认知世界的过程中，人们总会带有一定的主观倾向性。因此，所谓的“绝对的客观”和“纯粹的真实”其实是不存在的。这些社会认知偏差给我们提供了一个重要的警示：我们自以为是的认知真的就是事实吗？当我们变得自以为是、固执己见甚至带有偏见时，是否已经不知不觉地陷入了认知的偏执与误区？那么，我们该如何扩大认知的边界，提升认知的层次，从而克服这些狭隘的认知偏差呢？

社会调查

当代青年婚恋认知的特点与偏差

恋爱和婚姻是青年的普遍需求和人生大事，而青年的择偶和婚姻行为受婚恋观的直接影响。2024 年 3 月，民政部公布的《2023 年 4 季度民政统计数据》显示，2023 年全国结婚登记数经过几年的持续下降后略有回升，共 768 万对，比 2022 年上涨了 84.7 万对，同时离婚人数也增长了 49.3 万对（2022 年和 2023 年全国离婚登记数分别为 210 万对和 259.3 万对）。《2023 年民政事业发展统计公报》显示，2023 年的结婚率和离婚率分别为 5.4‰和 2.6‰，如图 2-5-1 所示。根据《中国人口和就业统计年鉴 2023》的数据，25～29 岁人群的未婚率高达 51.3%，而 30～34 岁人群的未婚率为 18.4%，35～39 岁人群的未婚率为 8%。

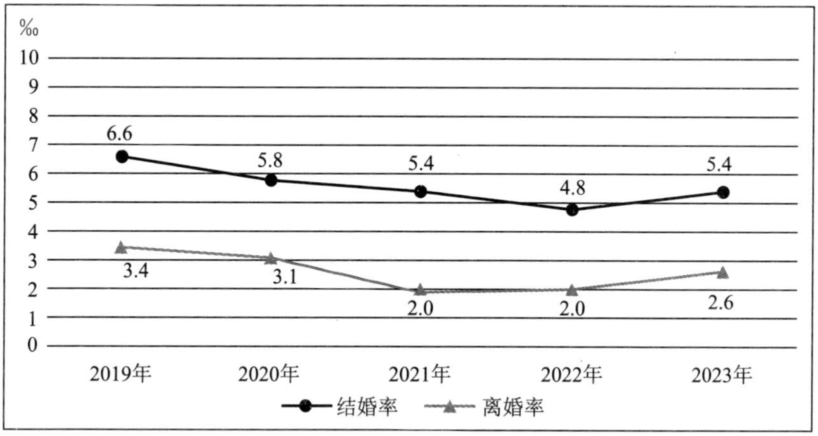

图 2-5-1 中国结婚率与离婚率走势图(2019—2023 年)

近几年，单身青年增多、离婚率增高、人口增长放缓成为普遍关注的问题。造成这些现象的原因固然与育龄妇女人数减小、生活成本高、社会压力大等客观因素有关，但其内在原因是否与当代青年在婚恋观、家庭观等方面出现的各种认知偏差相关，值得深入研究。

一、当代青年婚恋观的总体特点

（一）对爱情和婚姻的理想化向往

当代青年对爱情与婚姻普遍抱有美好的向往与期待。相关调查显示，79.1% 的受访青年认为，25～29 岁是最佳的结婚年龄，这与医学观点所认为的最佳婚育年龄相吻合。在渴望美好爱情与圆满婚姻的同时，当代青年也存在过度理想化的标准与要求。其中，86.3% 的青年认为匹配的性格和生活习惯最重要，77.6% 的青年看重共同的生活理想和生活目标，65.7% 的青年强调爱情美满，59.3% 的青年关注经济条件与物质生活水平，而 50.5% 的青年则看重工作的稳定性(以上为多选题)。

从社会心理角度分析，人的印象形成过程遵循两种认知加工方式：核心品质模型和加权平均模型。

1. 核心品质模型

核心品质模型关注人的主要特征和品质，而相对降低甚至忽略其他条件。在婚恋选择上，如果社会价值导向看重勤劳善良的青年，那么勤劳善良就会成为青年的核心竞争力。只要满足勤劳善良这一核心特征，并将其他条件作为次要特征，就能够找到理想伴侣。

2. 加权平均模型

加权平均模型要求综合考虑所有品质特征，并且不同品质在个体心目中的权重各异。最终，个体会依据这些品质特征及其权重的综合评估来做出选择或取舍。例如，一位青年在选择婚恋对象时，会从人品、性格、外貌、经济条件、工作性质等多个方面给对方打分，如性格好加 2 分，家庭条件不佳则减 3 分……如此类推，最终可能会因为某个不太重要的条件不符合自己的期望而全盘否定对方。当代青年的婚恋选择已从核心品质模型转向加权平均模型。这种观念转变导致青年在婚恋选择中倾向于完美主义，不愿妥协，要求所有条件都必须满足，从而在处理婚恋问题时容易因小失大、畏惧失败、消极被动。

（二）择偶标准的性别差异与角色错位

在择偶条件方面，带有明显的性别差异和角色错位。男性通常更加关注对方的生理特征和外在条件，如年龄、外貌、身材、性格等；而女性则更看重对方的内在实力和社会属性，如职业、经济实力、学历、能力等。政府机关、事业单位、教育和医疗行业的体制内人员在择偶时更加重视对方的学历、单位性质、家庭背景等因素，这体现了新门当户对的择偶观念。有时，虽然女方认为男方的内在实力和工作性质符合自己的要求，但是男方也可能因为女方的年龄等原因而觉得不合适。反之，当男方积极追求女方时，女方也可能因为其中某一条件不匹配而选择拒绝。

（三）婚姻成本和社会压力成为阻碍因素

青年的婚恋选择受到婚姻成本的限制和社会压力的阻碍，即成家立业往往受制于职业发展和物质条件。工作缺乏发展机会或不稳定、收入较低成为阻碍青年步入婚姻的主要客观因素。在主观因素方面，他们主要顾虑婚后的家庭负担、生育带来的焦虑、带娃压力，以及对婚姻缺乏信心。相关调查显示，有 18% 的人对自己当前的状态缺乏信心，认为不适合恋爱或结婚；另有 15.7% 的人对异性或婚姻本身缺乏信心，不愿步入婚姻殿堂。相较于男性，女性在面对婚姻时顾虑更多，因为结婚后所需承担的责任、生育对职业发展的影响成为女性最大的婚姻成本，也是她们步入婚姻时最大的顾虑所在。

（四）被动单身与隐性求助

与内心对美好婚姻的向往形成强烈反差的是，一些青年在实际行动中表现得消极被动，择偶途径较为单一。半数青年担心自己成为“剩男”“剩女”。然而，他们在参与单位或政府组织的联谊活动方面积极性不高，甚至有60%的青年不参与任何联谊活动，不主动拓展社交圈。另外，43%的青年选择消极等待，若遇不上合适对象，便只能继续单身（以上为多选题）。他们内心深处渴望得到家庭、单位和社会的理解与扶持，但对于长辈的催婚或是他人强行安排的相亲，一些青年则表现出明显的反感与抵触。透过这些矛盾表现，我们不难发现当代青年内心的纠结与挣扎。这也提醒我们在关注青年婚恋问题的同时，要注重方式和方法，多提供柔性服务和隐性支持。

（五）婚恋观念受多方合力影响

青年的婚恋观念深受外在环境与内在经验等多重因素的共同影响，其形成与原生家庭、学校教育、社会环境及个人的性格特点、精神品格、思维方式、价值取向、生活习惯等紧密相关，大致可以划分为家庭、学校、个人素质和社会文化四大类。调查数据显示，对青年的婚恋观念影响较大的因素依次为：个人亲身经历（24.1%）、所受家庭与学校的教育（23.6%）、父母的婚姻状况与相处模式（17.1%）、学历及个人素养（18.5%）、网络传媒（7%）（以上为多选题）。值得注意的是，部分青年正受到一些不太理性的婚恋观念影响，如“婚姻是给父母或社会的交代”“爱情至上主义”等。只有76.6%的人认同婚姻是完整人生中重要且必要的一部分，这意味着近1/4的青年认为婚姻不是必不可少的，他们遇到合适对象时会考虑结婚，若无合适对象则选择单身。此外，部分青年表示只愿谈恋爱而不愿结婚，奉行“不婚主义”。

二、婚恋观的偏差

当代青年的婚恋观存在偏差，主要体现在将情感与物质联系起来，将成家与立业对立起来，以及将生育与个人幸福对立起来。他们陷入了认识误区，具体表现为：追求童话般的爱情、设定绝对化要求、采取一切随缘（消极被动）的态度、要求对方迁就自己却不愿降低自身要求、认为没有好的工作和收入就不会有美满的婚姻等。许多年轻人以找不到理想伴侣、物质条件不具备、对异性很失望等为由不愿意成家，成家之后又以负担过重、自由受限或事业发展受阻等为由不愿意生育。在错误的家庭观引导下，许多人没有认识到家庭对于人生幸福的重大意义，没有认识到家庭的健康发展对国家和社会发展的重大意义，过分强调了成家与生育的外部制约条件，过分强调了家庭的某些负面作用，过分强调了个人自由，过分强调了生育对女性的负面影响，过分夸大了家庭负担和社会压力，对婚姻附加了许多外在条件，缺乏共同奋斗、责任共担的共享意识与信心。

媒体的不良引导与青年婚恋观的偏差存在较高的相关性。众多受访者表示，因看到了负面新闻或者听说了周围人的不幸婚姻而恐婚。此外，部分受访者表示因受电视剧、短视频、公众人物（明星等）的影响而追求完美伴侣。特别是网络上的夸张性、虚假性的宣传导致很多青年对婚姻产生了负面认知。一位自称患有“恐婚症”的女孩透露，每当有人为她介绍对象时，她总会不由自主地在线上搜索骗婚、出轨、杀妻等相关信息，并将这些视频展示给男方，结果导致多次相亲无果。一对恋爱多年即将结婚的青年，男方因受网络“扶弟魔”言论的误导，无法接受女方有个弟弟的事实，最终提出分手。而女方则因受失恋的打击，认为现今男性过于自私，扬言从此不再恋爱结婚。

单身青年数量增加、人口增长放缓的现象，虽然与工作生活压力大、性别比例失衡、抚养成本上升、女性因生育而造成的就业歧视等客观原因有关，但是其根本原因在于当代青年在婚恋观、家庭观上出现的各种认知偏差。因此，正确引导青年的恋爱观与婚姻观，不仅直接影响青年的婚恋价值取向与身心健康，还关系到经济社会的和谐稳定与人口结构的均衡发展。

第三章　社会感情

导　读

你正准备去参加朋友的婚礼，但出门前与爱人发生了争执，心情变得极为低落。然而，一旦到达婚礼现场，你是否会强忍内心的烦恼，微笑着向新人道贺，说出那句“恭喜恭喜”呢？显然，我们深知在某些场合下需要抑制个人的情绪，以融入当时的氛围。情绪不仅关乎我们自身，还需要向他人展现，并与当前的社会情境及我们所在的文化背景相契合。例如，参加婚礼时，我们必须保持喜悦的态度，说出吉祥的话语。因此，情绪不仅是生理反应或个人的内心感受，还具备社会性和文化性，我们称之为社会情绪。

文化对社会情感的影响在民俗中得到了充分体现。姑娘出嫁前是否一定是欢天喜地、喜笑颜开呢？如果你回答说“当然了”，那么这种说法其实是片面的。在你所处的文化中，你认为是当然的，甚至是必须的，但放在其他文化民俗中未必是恰当的。有的民族认为姑娘出嫁前不应该笑，而应该哭，他们将这种行为称为“哭嫁”。其中，安徽的哭嫁歌颇具代表性。姑娘在结婚前几天开始边哭边唱，其他姐妹和亲人也一同陪哭。通过哭唱的方式，姑娘将隐藏在心底的复杂且细腻的感情以艺术化的方式表达出来，诉说着对父母的感恩、对家乡的眷恋，同时也包括对娘家人的祝福和对自己未来美好生活的向往。哭唱在上轿前达到高潮，此时需要众姐妹反复劝说（通过歌声进行劝说），新娘才“恋恋不舍、委委屈屈、哭哭啼啼”地上花轿。

我们是否有必要追问：新娘难道不高兴吗？如果她高兴，那么为什么要哭呢？结婚时，到底应该哭，还是应该笑呢？为什么人的内心情绪会与外在表现不一致？如果新娘不顾当地的文化习俗，没有经过情感表达（如哭嫁）的环节就直接上了花轿，那么周围的人在情感上能否接受这种“无情”的行为呢？我们如果从社会、文化、心理的视角进行深入分析，就会发现感情的形成、内容及表达是如何受到社会规则和文化定义影响的。这样一来，这些现象就不难理解了，甚至变得非常有趣。

第一节 社会感情概述

“人非草木，孰能无情？”感情既是人类心理不可或缺的部分，又是社会生活的重要内容。人生中的爱恨情仇及每日伴随着我们的喜怒哀乐，共同增强了人生体验的深刻性和社会活动的丰富性。

感情是什么？恐怕没有人能彻底说清楚，因为感情是主观的、内在的，每个人的感受都是不一样的。从本质上讲，感情是伴随个体活动和心理过程而产生的主观心理体验和感受。从某种意义上来讲，人与人之间的交往就是相互间感情表达的过程，即将内心的感受通过喜怒哀乐和爱恨情仇等形式来展现出来。感情可分为情绪和情感，二者统称为感情。一般而言，情绪更侧重于人的喜怒哀乐、忧伤和恐惧等与社会情境相关的、短暂的爆发性体验；而情感则相对更持久、更深刻、更具社会性，如爱国主义情怀，以及对自身责任感与使命感的深刻感受。

一、情绪与需要

情绪是哪儿来的呢？什么事情让你愉快，什么事情让你难过？失恋了会让人痛苦，那么这份失恋的痛苦感受是哪儿来的呢？是因为恋爱本身吗？并非如此，恋爱本身并无过错，但美好的事物离我们而去，便会引发痛苦。失恋让人痛苦的根源在于“失”，而非“恋”。这种感受的本质是爱与被爱的需要没有得到满足。因此，需要是情绪产生的根源，而需要是否得到满足是情绪体验的中介变量。当某种需求得到满足时，会产生相应的积极、正向、肯定的情绪体验，如欣赏、喜爱、高兴；反之，则会产生负面的情绪体验，如不满、恼怒、愤慨。

当家长因孩子成绩不好而感到愤怒时，我总会先引导家长去感受并觉察自己的情绪：愤怒情绪指向什么？指向孩子不努力，指向孩子不听话，还是指向孩子让自己丢了面子？愤怒背后是什么？是对孩子的表现失望，还是想让孩子为自己“争面子”？你强加给孩子的那些要求和强制性安排，究竟是出于孩子的需要，还是你自己的需求？只有深入分析情绪背后隐藏的感受、期待和需要，才能让家长冷静下来，反思自己的情绪和行为，进而改变对孩子的态度和做法。

二、情绪与认知

除了需要外，另一个关键的情绪变量是认知。面对相同的情境时，由于认知的差异，人们产生的情绪体验也会有所不同。同样是与朋友共饮，可能会激发出“呼儿将出换美酒，与尔同销万古愁”的豪迈情怀，也可能会唤起“酒逢知己千杯少”的感慨，还可能让人勾起“酒入愁肠，化作相思泪”的哀愁。为何同一杯酒能引发如此不同的反应呢？关键不在于酒本身，而在于饮酒之人对当前社会情境的感知，即他们如何在当前情境中赋予酒以特定的意义。在做出情绪反应之前，人们会在认知活动的引导下，对环境中的刺激事件进行意义解读，从而表现出相应的情绪。

第二节　社会文化与社会感情

社会感情最能体现人的自然属性与社会属性的统一。以喜怒哀乐这些基本情绪为例，一方面，基本情绪近乎人的本能，是与生俱来的，只要受到外界适当的刺激，就会产生相应的情绪；另一方面，情绪在形成、发展和表达的过程中会受到社会文化的影响。

跨文化研究发现，不同文化对行为规范的定义及对在何种场合下应表现何种情绪的规则存在差异。这些文化差异深刻地影响着人们的情绪反应、感受和表达方式。以愤怒情绪为例，全人类都具备愤怒情绪，其生物基础是相同的，但西方文化对负面情绪的接受度较高，直接表达和宣泄愤怒的行为能得到社会的认可。相比之下，东方文化对愤怒等情绪持较为拒绝的态度，认为应适当抑制这类情绪。因此，中国人生气时习惯克制，其中58.4%的人生气时表现得闷闷不乐，33.3%的人选择回避和掩饰，只有不到三分之一的人会让愤怒情绪直接表现在脸上，使情绪与内心感受一致（以上为多选题）。有一项研究分别对美国人和哥斯达黎加的原住民（印第安人）进行调查，结果显示，在表达积极情绪时，两者的内心舒适度相似；但在表达消极情绪时，美国人的舒适度明显高于哥斯达黎加原住民。这充分表明，在不同文化背景下，人们对情绪的反应各不相同，有时甚至大相径庭。

同一情绪在不同文化背景下的影响因素和构成要素各不相同。基于我们特有的面子文化，中国人对伤及脸面的事情尤为敏感，容易感到愤怒。这在某些其他文化中可能是难以理解的。例如，美国人可能因别人侵犯了自己的隐私而感到气愤，而中国人则可能因请人吃饭时有人不给面子而恼羞成怒。由此可见，社会文化在规范情绪并使其与文化相适应方面扮演着至关重要的角色。

一、情绪表达规则

文化对情绪最直接的影响体现在每个社会都有自己的一套情绪表达规则，即社会文化形成了一套明文的或不成文的（如习俗）规则。这些规则界定了个体在何种情境下、面对何人时，应该表现出什么样的情绪与情感，而不管内心的真实感受如何。

我国传统文化把亲人去世视作最伤感的事情，同时也把亲属在葬礼中的悲痛程度看作衡量与逝者情感的尺度之一。在这一文化中，送葬被称为“举哀”，亲属们竭力表达哀伤与痛苦。因此，中国葬礼往往伴随着失声痛哭与哀号，将悲痛情绪展现得淋漓尽致。而在非洲的某些文化中，葬礼上甚至会出现载歌载舞的场景，人们表现出欢快的情绪。

二、情绪与情感的社会属性

（一）突生属性

有些情绪与情感并不是与生俱来的，甚至与生物基础关系不大，而是特定社会情境和社会关系的产物。这些特定的情绪与情感只有在人与人发生关系或者个人的心理行为与所处的社会文化情境相结合时才显示出来。例如，参加升旗仪式时激发出的爱国情感，看到生老病死时感慨人生无常，这些感受并非预先存在于我们心中，而是身处特定情境时才被唤醒的情绪与情感。

在参加中国青少年发展基金会发起的希望工作项目时，我听说了一对青年的一见钟情。地震突然袭来，写字楼剧烈晃动，人们惊慌失措地跑到广场避难。随着夜幕降临，天气转凉，一位勇敢的男青年不顾危险地跑回楼里，寻找毛毯和食物，并无私地分发给众人。他的举动被旁边的一位女孩看在眼里，心生敬意。当男青年将毛毯递给女孩时，女孩大方地提议道：“我们一起披着这块毯子凑合一晚吧。”事后，两人都说：“就在那个特殊的夜晚，在那种素不相识却相互取暖的特定情境下，我们的爱情不经意间萌芽了。双方同时产生了想要照顾对方一辈子的强烈情感。”

（二）整饰化属性

在社会生活中，你能随心所欲地行事吗？你能确保自己表现出的情绪与情感是绝对真实的吗？而那些完全真实的情绪与情感就一定能得到他人的认可和接纳吗？实际上，当人们在表达某种感受或展现某种情绪时，需要考虑到社会关系的规范要求，并顾及对他人的影响。有时，出于某种策略性的考虑，人们还会对自己的情绪与情感进行整合、掩饰、修正、隐藏和夸张。

设想一下，你的竞争对手突然遭遇不幸，而你因此意外获得了一个晋升的机会，你内心的真实情绪会是什么？是庆幸、得意，还是兴奋？当然，你也会对逝者感到惋惜、怀念和难过。然而，在他人面前，你会选择展现哪种情绪呢？无论是出于自我掩饰的需要，还是基于做人的基本规范，你肯定会否认那些庆幸和得意的情绪与情感，转而表现出同情和难过的情绪与情感。

经过感情的整饰后，我们会通过表情向外界传递特定的信号。例如，领导者可能会用微笑来展现平易近人的一面，以塑造良好的公众形象；在朋友的婚礼上，我们可能会刻意唤起喜庆的情绪与情感，以适应社会规范的要求。感情整饰不仅可以改变对某种关系的解读，还可以调整身体的感觉和对别人的反应，其目的在于适应社会文化中的感情规则，即明确在何种情境下投入多少情感是恰当的。例如，参加朋友的婚礼时，我们应该表现出愉快的情绪，但愉快的程度也需要控制。我们如果表现得比新郎还要兴奋，就可能过犹不及了。

第三节　情绪状态

一、情调

情调是伴随感觉而产生的情绪状态。同一刺激可能引发不同的情调（如我们所说的“色调”，重点在于“调”字）。研究不同刺激及其搭配所引发的情调，具有实际应用价值。我国的美食文化讲究色香味俱全，旨在激发就餐者的愉悦情调。例如，咖啡厅里装饰着名贵的壁画，播放着著名的钢琴曲，都是为了营造浪漫迷人的情调。

二、心境

心境是一种相对平静且持久的情绪状态，即我们通常所说的心情。心情是对自己当前处境的特定体验，是内心的底色。一旦有了愉快的底色，人们就会感觉天是那么蓝，阳光是那么灿烂，即使下点小雨，也带有浪漫色彩。而一旦有了忧伤的底色，人们就会感觉天气再好也仿佛与自己无关，阳光变得那么刺眼，下雨天则如同自己的心情一样阴沉。心境对人的生活、工作、学习和健康有很大影响。积极向上、乐观的心境能够提高人的活动效率，增强信心，让人对未来充满希望，并有益健康。相反，消极悲观的心境则会降低认知活动的效率，使人丧失信心和希望，降低动机水平和积极性，并对健康产生不利影响。总之，一个人的世界观、理想和信念决定着心境的基本倾向。

三、激情

激情是一种强烈、爆发且短促的情绪状态，通常由强烈的欲望或明显的刺激所引发。热恋、失恋、突如其来的危险、生活中的重大变故等都可能成为激情的诱因。在激情状态下，个体自我卷入程度极深，容易失去身心平衡，往往难以意识到自己的行为，无法自我控制，也无法预见行为的后果或评价其意义，这便是所谓的“激情犯罪”现象的一种体现。此外，激情还伴随着明显的表情动作和机体剧烈变化，行为冲动性和情绪激惹性显著增强，如盛怒时暴跳如雷、血脉偾张，绝望时心灰意冷、麻木不仁。

四、应激

应激是处于紧张且危急情境下引发的情绪状态。人受到一系列紧张刺激后会引起全身性的反应，而这种反应持续一定时间会让人产生适应综合征。现代人普遍存在的亚健康（如早衰、倦怠、焦虑）和各种慢性病等症状，就是由于现代人的生活节奏太快、压力太大、紧张源太多，几乎随时处于应激状态下，从而影响了身心健康。应激是导致身心疾病的机制之一。

应激反应包括动员、应对和衰竭三个阶段。以个体参加体育竞赛为例，首先进入的是动员阶段，此时身体机能被调动，身心能量被用来应对比赛，个体精力高度集中，全心投入。其次是应对阶段，通过呼吸和心率加快、血压升高、血糖增加等生理变化，人体潜能得到充分发挥，以应对环境挑战。再次，当这种紧张状态持续一段时间后，或者紧张情境得以暂时缓解，个体就会进入衰竭阶段，感觉能量耗尽，此时机体可能因自身的防御力量过度消耗而受损，容易引发适应性疾病。

五、情操

情操是人对具有一定文化价值的东西（如道德、学问、艺术等）所怀有的深沉的感情，主要包括道德感、理智感和美感。

道德感是人们根据道德认知和判断评价社会现象时所体验到的情感，如对英雄的敬仰、对不幸者的同情、对邪恶者的憎恨、对自己过失的内疚、对家人的责任感和对祖国的使命感，均为道德感的具体体现。

理智感是在认知世界和获取知识的过程中产生的情感，包括发现真理后的自我肯定与价值认同、探索过程中的疑惑与好奇及获得答案后的惊喜。理智感是推动人们探究世界、追求真理、学习和研究的主要动机条件。

美感则是根据一定的审美标准评价事物时产生的情感体验。美感既受客观情境的激发，又受个人思想观点和价值观念的影响。同时，美感既具有客观性，又具有主观性。例如，对他人良好德行的欣赏、对生活的热爱与美好感受及对风景产生的愉悦体验，均属于美感。

第四节　情感状态

社会情感主要有三种形式：亲情、友情和爱情。亲情是建立在血缘关系基础上的，主要表现为家庭成员间的共享、付出和亲密的情感体验。友情主要是以互助和情感支持为主要特点的后天建立的情感联系。友情作为一种人际关系和社会情感，其类型多种多样，有的属于功利型朋友关系（通常所说的酒肉朋友），有的属于互利互助型，还有的属于相互认同型。接下来，我们主要探讨第三种情感形式——爱情。

关于爱情的性质与要素，心理学界主要有以下三种观点。

一、爱情三角理论

美国耶鲁大学心理学教授罗伯特・斯滕伯格认为，虽然人类的爱情复杂多变，但基本不外乎三种成分：亲密、激情和承诺，这就是爱情三角理论。

（一）爱情的三种成分

激情是爱情中的冲动和性欲成分，是情绪上的着迷；亲密是指在爱情关系中能够带来的温暖体验；承诺是指维持关系的决定、期许或担保。这三种成分构成了喜欢式爱情、迷恋式爱情、空洞式爱情、浪漫式爱情、伴侣式爱情、愚蠢式爱情、完美式爱情等七种类型，如图 3-4-1 所示。

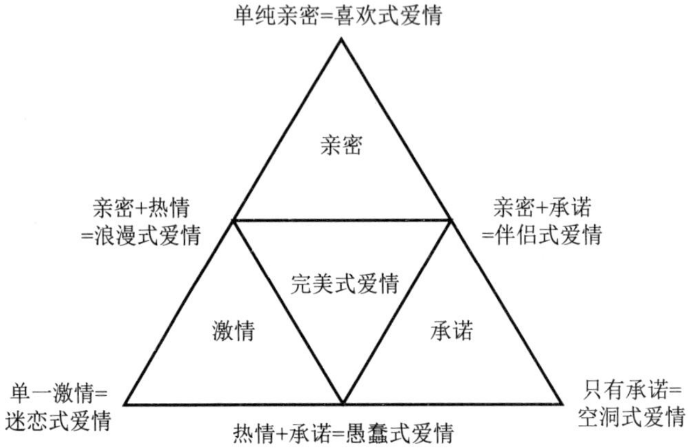

图 3-4-1　爱情三角理论

1. 亲密

亲密是爱情中的情感成分，是指与伴侣间心灵相近、互相契合、互相归属、相知相惜的温暖感觉，如“与你在一起的感觉真的很好”。亲密还包括愿意付出和得到情感支持，分享彼此最内在的想法。亲密最初通常发展缓慢，然后稳步上升至平稳的水平，再逐渐下降。亲密的缺失往往预示着亲密关系即将结束。

2. 激情

激情是爱情中的动机成分，是指强烈渴望与伴侣结合，促使爱情产生浪漫和外在吸引力的动力，常伴随着生理唤醒，即与性相关的动机和内驱力。与亲密不同，激情起初发展迅速，但经过一段时间后，与同一个人相处时，当初的兴奋和满足感都会减弱。

3. 承诺

承诺是爱情中的认知成分，即认定，包括短期与长期两个方面。短期部分指的是决定去爱某个人，而长期部分是对双方爱情关系做出的持久性承诺。例如，我决定爱你，并承诺一辈子爱你。承诺不受情绪的左右，而是由我们的理智和意志所主导。坚定且执着的承诺能为两人的关系提供保障，因为双方都明白，无论遭遇何种情况，彼此都可以相互依靠。

（二）爱情的七种组合

真正的爱情必须同时具备三种成分：两人在情感上能够相互亲近、沟通和支持，在行为和生理上有激情，在认知上能够肯定对方。然而，随着认识时间的增加及相处方式的改变，这三种成分也会有所变动。在现实生活中，很多恋爱关系往往缺少其一或其二，而爱情三角理论也会因组成元素的增减而相应变化。罗伯特·斯滕伯格提出，这三种成分能构成七种不同的爱情关系组合。

1. 喜欢式爱情

喜欢式爱情是指通过长期相处对异性的经历、兴趣和爱好等有了更深刻的了解，产生了朋友般的默契感。这段感情里包含了亲密成分，如亲密感和情感温暖。人们常常对那些可以分享内心感受和想法的人产生喜欢的感情，这是爱情发展的基础。喜欢不包含激情和承诺，但在喜欢的基础之上，爱情有可能发展成激情式爱情，也有可能发展成拥有承诺的伴侣式爱情。

2. 迷恋式爱情

迷恋式爱情往往只有激情，带有诱惑性，但缺乏亲密与承诺。这类爱情通常只是一种单纯的迷恋，更多情况下是单向的，充满理想化和幻想色彩。

3. 空洞式爱情

空洞式爱情只有承诺而无其他，既不蕴含深厚的情感，又不具备如火的激情。这类爱情是依靠个人原则、责任感和社会规范来维持亲密关系的。

4. 浪漫式爱情

浪漫式爱情包含激情和亲密，但缺乏承诺。它开始时可能如火如荼，随后可能逐渐消散，也有机会发展成完美式爱情。

5. 伴侣式爱情

伴侣式爱情具有较强的亲密和承诺，但缺乏激情。许多情侣在长时间恋爱后，激情逐渐消退，留下的是深刻且持久的亲密关系。

6. 愚蠢式爱情

愚蠢式爱情既有激情又有承诺，但缺乏亲密感。它常伴随着旋风式的追求，开始时热情如火，但在相处中会逐渐发现彼此并不和谐。

7. 完美式爱情

完美式爱情是一种理想的爱情状态，亲密、激情和承诺完美地组合在一起，代表着高质量的爱情。这种组合让人心驰神往但又难以达到。罗伯特·斯滕伯格之所以把具备这三个要素的爱情称为完美爱情，是因为建立一段稳定、持续的爱情需要爱恋双方精心呵护、经营，这是一项看似简单实则不易的工程。

即便如此，在我们的生活中，并非等到具备了亲密、激情和承诺这三个要素才开始恋爱。理想与现实之间总有差距，因为亲密和承诺的实现需要时间来逐渐转化，并非一蹴而就，而激情虽然在关系之初会起到强大的推动作用，但是终会消退，要维护它并非易事。当激情退去，恋爱关系会朝着不同方向发展：有的会更加亲密、理智，而有的则会逐渐走向破裂。

二、爱的依恋理论

爱的依恋理论认为，爱情是人类早期（婴儿期）依恋关系在异性关系中的一种投射，人的行为模式在恋爱中受到依恋类型的影响。同时，爱情的相处模式也是依恋类型的直接反映。因此，依据依恋风格的不同，爱情可被划分为三种类型。

（一）焦虑型

焦虑型的个体渴望亲密，会将全部精力投入恋爱中，但常常担忧另一半是否爱自己、尊重自己，怕伴侣不会像自己所希望的那样与自己保持亲密，担心付出得不到回报，更怕因被伴侣看作过分依赖而给自己带来麻烦。

焦虑型的人在恋爱中容易情绪不稳、反应极端，消耗大量情感能量，对伴侣情绪的微小波动都异常敏感，并且常过度用自己的想法解读伴侣的行为。当感觉到另一半逐渐疏远时，他们往往会做出过激反应。

（二）回避型

在回避型个体的心中，保持独立至关重要，他们害怕且逃避与伴侣的亲密，往往将独立看得比彼此间的亲密更重要。虽然他们也希望与另一半保持亲密，但是过度亲密会让他们感到不适，因此常选择与伴侣保持一定距离，不愿敞开心扉。这导致另一半经常抱怨存在距离感，阻碍了恋情的发展。

（三）安全型

安全型的个体容易与他人建立亲密关系，在恋爱中对另一半充满爱意，享受彼此之间的亲密，同时不过分担心失去对方。他们擅长表达情感，能敏锐地察觉和了解另一半的情绪变化。在日常生活中，他们经常与伴侣分享成功与遇到的问题，能在对方需要时提供支持和帮助，同时也信任自己的伴侣。

明确自己所属的依恋类型能更好地了解恋爱中的行为，从而让恋情更加持久与甜蜜。通过对三种依恋类型之间交往模式的深入探索，我得出了以下重要发现。

（1）回避型和焦虑型的个体之间常存在一种相互吸引的现象，但彼此的负面特征会进一步显现，导致焦虑型的个体因焦虑而渴望亲近对方，而回避型的个体则因矛盾心理而疏远对方，使双方陷入一种纠结与拉扯的状态。为了增进彼此的感情，双方都需要深刻地觉察并反思自己在爱情中的相处方式，进而调整行为模式。

（2）通常情况下，焦虑型和回避型的个体都能与安全型的个体建立起亲密关系，这是因为安全型的个体能更好地满足人们在爱情中对被爱与安全感的需求。当两个安全型个体相遇，他们的爱情关系往往更加稳固，也更容易在爱情生活中收获幸福感。

三、爱的投资理论

美国学者罗森伯格提出的爱的投资理论为爱情提供了一种新的解释。该理论认为，从社会交换的观点看，爱情是一种投资行为，甚至是风险投资。在恋爱关系中，双方的支出与回报决定是否继续维持当前关系，而失恋则是这种爱情投资中常常要面对的风险。罗森伯格还认为，男女在爱情中的承诺是由满意度、替代性及投资量等因素共同决定的。承诺＝满意度－替代性＋投资量。当个体对恋爱关系有较高的满意度，认为当前的伴侣无可替代，并在恋爱关系中投入了时间、感情、物质等资源时，便会做出较强的承诺，使亲密关系更加稳固。

爱的投资理论揭示了爱情的理性与功利的一面，给追求浪漫爱情和理想爱情的爱情主义者的内心带来了冲击。

爱情作为人类的一种高级情感，受到时代精神、社会风气、价值导向等社会因素的影响。因此，人们的爱情观念和行为表现会随着社会的发展而变化。女孩的择偶标准最能反映爱情的时代特征。20 世纪 60 年代，“工人老大哥”备受尊重，工人成为女孩们心中恋爱对象的首选。因此，女孩们以嫁给工人为荣。到了 20 世纪 70 年代，军人被誉为“最可爱的人”，他们也随之成为那个时代的白马王子。进入 20 世纪 80 年代，大学生成为天之骄子，成为女孩们喜欢和追求的对象。而在 20 世纪 90 年代，随着下海潮的兴起，那些敢于冒险的人被称为时代的弄潮儿，他们中的一批人先富了起来，这也催生了“傍大款”这一特殊现象。进入 21 世纪，价值观念的多元化让许多年轻人陷入了爱情的迷茫之中。

爱情之所以复杂又难以说清，是因为糅合了人类高级情感和人性中的许多层面，如爱情中理性与感性的交织、自然性与社会性的平衡、原始冲动与道德责任的协调等。苏联学者瓦西列夫指出："爱情是一种复杂的、多方面的、内容丰富的现象。爱情的根源在本能，在性欲，这种本能的欲望不仅把男女的肉体，而且把男女的心理推向一种特殊的、亲昵的、深刻的相互结合。但是爱情又不仅仅是一种本能，不仅仅是柏拉图式的神奇剧、淫欲、直观和精神的涅槃。爱情把人的自然本质和社会本质联结在一起，它是生物关系和社会关系、生理因素和心理因素的综合体，是物质和意识多面的、深刻的、有生命力的辩证体。

拓展阅读

爱的能力

如何获得美好的爱情？如何建立并发展健康的恋爱关系？爱，不仅是一种愿望，还是一种能力。爱的能力指的是与他人建立亲密关系的能力，对个人一生的发展有着重要的意义。拥有爱的能力会引导一个人学会真正地去爱他人，同时也爱自己。具备这种能力的人能够深刻地体会到爱所带来的幸福与快乐。

在心理学家弗洛姆看来："爱是人的一种主动的能力，一个突破把任何其他同伴分离之围墙的能力，一种使人和他人相联合的能力；爱使人克服了孤独和分离的感觉，但他允许他成为他自己，允许他保持他的完整性。"

爱包含着关心，是对我们所爱的生命成长的主动关注。缺乏这种主动的关注便不能称之为爱。爱是对另一个人的主动融入，体现了对对方的尊重及责任感。一对恋人在精神交往的过程中，最大的欢乐在于智慧与美学上的相互充实，逐步认识和发现更新、更美的事物，包括恋人之间彼此贪婪地吸收更好的东西，并随后彼此奉献出更优秀的东西。

爱的能力实质上是一种综合素养。拥有爱的能力的人，既拥有爱的储备，又能在爱的过程中展现出多方面的才能。

一、表达爱的能力

当心中有了爱慕的对象时，你能否用恰当的方式和语言向对方表达呢？想要和爱慕的人建立恋爱关系，第一步便是要让对方明白你的心意，这就需要具备表达爱的能力，包括表达爱的勇气和表达爱的技巧。

（一）表达爱的勇气

很多大学生因害怕表达爱后遭到对方的拒绝而选择将这份爱埋藏在内心深处，这就是缺乏自信的一种表现。然而，爱需要勇敢地去表达，只有让对方知道自己的心意，才有可能获得对方的回应。如果一直不敢表白，那么获得爱情的机会就等于零。

（二）表达爱的技巧

爱，不应该仅存在于心中，更要善于在恰当的时机，通过合适的方式去坦然表达，从而追求并实现自己心中所渴望的爱情。

1. 适当的时间

一般来说，不建议在认识不久之后就马上表白，因为这样不仅会吓到对方，还会让对方觉得缺乏诚意。因此，建议在相处一段时间后，彼此有了一定了解的基础上提出来。

2. 适当的方式

表达爱意的时候，要选择恰当的表达方式。一般来说，表达的方式必须根据自己和对方的个性及自己擅长的表达手段来决定。

3. 平常的心态

向心中的爱慕对象表达爱意是幸福的，但如果被对方拒绝或未能得到预期的回应，难免就会感到失落和挫败。在这样的时刻，重要的是学会调整自己的情绪，以积极的心态面对挫折。

二、接受爱的能力

当期望的爱来临时，能否勇敢地接受它是衡量爱的能力的一种体现。我们不仅要勇于并善于追求爱，学会表达自己的爱，还要能够接受他人的爱，这包括接受爱的讯号和接受爱的勇气。

（一）接受爱的讯号

在大学生中，有的同学说自己至今未收到过任何爱情的表白。实际上，爱情并不一定要说出口，有些人的一些举动已经是行为上的一种表白了。

（二）接受爱的勇气

有的大学生在接收到他人的示爱后，虽然内心挺高兴，但是因心理准备不足、自觉不配或不值得被爱等因素而不敢接受。有的大学生则担心一旦确立恋爱关系，现实与理想中的爱情有所出入，自己难以承受，从而错失深化感情的机会。这些均源于自信心的缺失，既是对自我的怀疑，又是对对方情感的疑虑。如前文所述，并非所有的爱情都完美无缺，只有接受爱，才能领悟爱的真谛，在恋爱中共同进步。总之，我们要勇敢地接纳他人的爱，因为爱既是付出，又是收获。一个人只有感受到他人的爱，才可能给予他人更深的爱。

三、拒绝爱的能力

拒绝爱的能力包括两个方面：一是要果断且理智地回绝自己不期望的爱情，二是要掌握恰当的拒绝方式。每个人都拥有爱与被爱的权利，以及接受爱与拒绝爱的自由。具备爱的能力的人不是对爱来者不拒，也不是将不能接受的爱简单地拒之千里。拒绝爱的技巧包括以下几个方面。

（一）对他人表示尊重，感激对方爱的表达

由于表达爱是需要勇气的，我们要感谢对方对自己的欣赏和所付出的感情。尊重真挚的感情，既是对他人的尊重，又是对自己的尊重。因此，我们要学会用理智的方式来维护双方的尊严。

（二）温和且坚定地说明自己的无意愿

如果觉得对方不合适，就要坚定地拒绝对方，态度明确、表达清晰，明确说明与对方只能是何种关系，以免留给对方不必要的想象空间。同时，拒绝时需要保持语气温和，以免给对方带来二次伤害。

（三）阐明可以接受的关系和互动模式

拒绝别人后，我们应该确保言行一致。如果存在互动，我们就应该明确说明互动的方式，以避免造成对方的误解，防止其继续深陷于情感纠葛之中，难以自拔。

四、解决爱的冲突的能力

相爱容易相处难，爱的冲突一方面来自日常生活中的不一致或不协调，另一方面可能来自性格上的差异。相爱的人不应追求完全一致，而应学会如何更好地协调与合作。爱需要包容、理解与体谅。出现冲突时，我们要学会用建设性的方式去解决它。

（一）要有面对冲突的勇气

很多人认为冲突是对恋爱关系的一种破坏，但在一段长期的恋爱关系中，发生冲突是难免的，最好的方法就是勇敢面对，而不是逃避。

（二）具备解决冲突的能力

情侣双方应学习如何加深彼此的感情，加强有效沟通。情侣间的冲突，往往是在双方毫无心理准备之时被对方突发的批评或行为引爆。有些情侣总是等到吵架时才进行激烈的沟通。但往往盛怒之下的沟通效果欠佳，反而会对双方感情造成伤害。因此，冲突平息之后，双方应冷静地探讨引发不快的原因，并商定解决问题的建设性方法。能够在安全、和谐的环境中展开对话，是促进恋爱关系稳定发展的关键所在。

第五节 情绪调节

你是否常听到这样的话："对于这些大道理，我都懂，可我做不到""我知道，但心里还是很难受"或者"我知道不应该这么想，可就是控制不住"。你自己是否也有过类似的体验呢？许多人常常在情绪困扰中苦苦挣扎，内心充满纠结。现代医学和健康心理学均指出，疾病常常是心理情绪在身体上的反应。不良情绪可能诱发疾病，而良好情绪则有助于康复。中医也有类似的说法，认为过喜伤心，过怒伤肝，过悲伤肺，过思伤脾，过恐伤胆，过忧伤肾，这充分展现了情绪与生理间的相互影响与转化。

在情绪调节过程模型中，我们不难发现前 3 个环节——情境选择、情境修正和注意力分配都是人们日常生活中易于操作的环节，如图 3-5-1 所示。在面对不良情绪时，运用这些方法能有效缓解或避免部分负面情绪。然而，情绪调节中还有一个至关重要的中间因素，即认知。认知成为人们调控情绪的有力手段。关于认知在情绪管理中的作用，心理学家埃利斯提出了著名的“情绪 ABC 理论”。

情境选择	情境修正	注意力分配	认知改变	反应调整
对自己将要面对的人、物和事件做出接近或回避的选择，为可能产生的情绪做控制性准备。	努力改变所处环境，如脱离、忍受、制止、改变和保持。例如，坐车时，通过戴上耳机听音乐来打发无聊的时间。	对于不利于自己的情绪进行注意力的分散或转移，而对于让自己舒服的情绪则集中注意力并保持。	对知觉到的情境重新评估并进行不同意义的确定和诠释。例如，把挫折看成锻炼的机会，进而由消沉变为进取。	情绪被激发后，会对情绪体验、生理反应和外部表现施加影响，让原有情绪减弱、增强或消除。

图 3-5-1　情绪调节过程模型

一、情绪 ABC 理论

通常情况下，人们会认为诱发性事件直接导致了人的情绪和行为结果，即发生了什么事就引起了什么情绪体验。但在现实生活中往往并非如此。有时候，面对同样一件事时，不同的人会产生不同的情绪体验。例如，外出约会时突遇绵绵小雨，有人觉得倒霉，认为天不作美；而有人觉得这是老天在帮忙营造浪漫氛围。

为什么会这样呢？这就是诱发性事件（A）与情绪、行为结果（C）之间存在着对 A 的看法（B）的影响。埃利斯认为：人的情绪不是由某一诱发性事件的本身所引起的，而是由经历了这一事件的人对这一事件的解释和评价（认知环节）所引起的。在情绪 ABC 理论模式中，A 是指诱发性事件；B 是指个体在遇到诱发性事件之后产生的相应信念，即对这一事件的看法、解释和评价；C 是指在特定情景下，个体的情绪及行为的结果。

基于情绪 ABC 理论模式，20 世纪 50 年代，埃利斯在美国创立了合理情绪疗法。这是一种认知疗法，同时采用了行为治疗的一些方法，因此也被称为认知行为疗法。认知行为疗法主要关注患者的不合理认知问题，通过调整患者对自我、他人及事物的看法与态度来解决心理问题。作为认知行为疗法的核心理论之一，情绪 ABC 理论旨在帮助人们挑战和调整自己的信念，改变自己的情绪反应，进而提升生活质量。

二、情绪调节策略

（一）生理调节

身体活动可以实现情绪的转移或放松，如参与体育活动能提高身体的兴奋度，让人在大汗淋漓中宣泄不良情绪。同时，放松操、呼吸训练、有氧训练等在改善体质的同时，也改善了心理状态，从而避免了长期不良情绪反应可能引发的心因性疾病和器质性病变。

（二）认知调节

认知可以激发或改变情绪，而情绪也能触发相应的认知。受过感情伤害的女性可能会将伤害性的负面情绪转化为负面认知，对已知事件进行夸大和泛化，声称世上没有好男人。而被女性欺骗过的男性可能会说所有女性都水性杨花，甚至滋生对女性的轻蔑与憎恨。情绪调节的关键在于认知的改变与重新确认。例如，婴儿在面对母亲离开时会产生分离焦虑，但如果明白并确信母亲只是暂时离开而非抛弃，就能克服这种负面情绪。

（三）行为调节

产生情绪反应时，大脑会出现一个强烈的兴奋点，并调动和消耗生理能量。因此，人在愤怒时可能表现出攻击行为，在愉快时则可能表现出友好行为。人类行为研究发现，仅仅是做出快乐或生气的动作与表情，也会相应地引发情绪体验。鉴于情绪与行为之间的密切联系，建立新的或多个兴奋点可以抵消原有情绪的影响。例如，忘我地投入工作可以使人忘却烦恼，获得成就感；而在情绪低落或痛苦时，参加体育活动可以转移精力，从而调节和宣泄情绪。

（四）言语调节

人们习惯使用的话语体系，包括使用的词汇、表达的语态和言语的风格，共同塑造了个体认识社会情境的思维模型。面对既定事实时，个体虽然无法改变事件本身，但是可以改变叙事结构和叙事风格，对问题进行新的诠释，将问题与自我认知相分离，避免将问题内化成消极情绪。例如，失业者可以选择说“我失业了，正积极寻找新的工作机会”，而非“我连份工作都找不到，真是太失败了”。这两种表述的差异不仅体现在语言表述层面，实质上还反映了对待事件的认知方式和归因倾向的不同。前者基于现实处境，积极寻求解决方案，心态相对平和；后者将处境消极定义为“糟糕”,并将原因归咎于“自身没用”,这种归因方式容易导致抑郁、沮丧及自我否定的情绪。

(五)人际调节

人际关系具有情感支持和情绪调节的功能。评估一个人的自我调节能力、应对变化的能力及能否有效地摆脱不良情绪,关键在于考察其社会支持系统的强弱。对于社会支持系统少而脆弱的人来说,由于缺乏情绪交流的机会及获取外部疏通和支持的途径,他们的情绪调节因此缺失了一个重要的渠道。当个体面临孤独、焦虑、烦恼等情绪状态时,他们倾向于主动向亲人或朋友倾诉,积极参与社交活动,以此寻求归属感和认同感。在这样的社会支持系统中,个体能够找到情绪的转移点和突破口,这一过程具有情绪治疗的作用。

情绪调节的方法和特点存在明显的个体差异。迈尔认为,情绪调节能力的差异表现为4个方面:对情绪的知觉评价和表达能力,用情绪促进思维的能力,理解和分析情绪的能力,调节情绪以促进认知发展的能力。

心理延伸

压力管理与职业发展

案例讨论

爱情中的“罗密欧与朱丽叶效应”

大学毕业后,女孩小A的父母对她找的几份工作均不满意,强烈要求她留在家中备考公务员,以追求所谓的“金饭碗”。然而,连续两年考试失利让小A几乎崩溃。这时,小A结识了一个有着犯罪前科的社会闲散青年小C。两人之间巨大的反差和截然不同的特质让这两个年轻人对彼此产生了好奇心。小A的妈妈发现女儿竟然和这样的男孩交往,感到异常紧张,反复告诫女儿绝不能和这个男孩有任何纠葛。后来,她甚至通过跟踪女儿、将女儿关在家中等方式来阻止两人的交往。然而,这种干涉适得其反,原本只想与小C保持泛泛之交的小A竟宣布自己“深深爱上了小C”。面对众人的不赞同和不理解,小A坚定地表示:“爱情不需要理由,现在只有我们两人能够真正地相互理解。”最终,小A不顾家人反对,毅然决然地与小C裸婚。然而,一年后,这段婚姻以失败告终。

为什么小A的父母“棒打鸳鸯”不成呢?这是因为恋爱关系中存在一个奇特的现象:当外界力量试图干扰恋爱双方的关系时,双方的情感反而会更加深厚,关系也变得更加牢固。这就是所谓的“罗密欧与朱丽叶效应”。在一定范围内，父母对子女恋情的干涉程度与恋人之间的感情变化呈正相关，即父母干涉得越强烈，恋人之间的感情也会变得越深。离婚后的小A坦言：“我其实并不爱他。当时所谓的爱是被父母逼出来的。当爱情失去了对抗的敌人，爱情的本来面目也就显现出来了。”

认知心理学对此现象的解释是：当人们自愿选择某个对象时，为了证明自己的决策正确，往往会倾向于增加对该对象的喜欢程度；相反，如果选择是被迫的，那么人们对所选择对象的好感度通常会降低。因此，当小A面对家人迫使她放弃与小C交往的压力时，她产生了强烈的抗拒心理，而这种抗拒心理促使她做出了相反的选择。

对于小A的案例，我们可以进行多种解读。小A选择这样的丈夫，或许是以一种被动攻击的方式，意图让父母因她而崩溃，以此发泄对父母的不满，即“你逼我崩溃，我便通过糟糕的婚姻让你崩溃”。实际上，小A内心深处明白妈妈是爱她的，是在乎她的。正所谓关心则乱，她也清楚妈妈看到她不幸福会痛苦。因此，小A在无意识中利用了妈妈对她的爱来惩罚妈妈，以此来抗拒妈妈以爱的名义对她的控制。母女之间，这何尝不是一场复杂的爱的纠葛呢？

第四章　人际关系

导　读

世人评说刘邦"上至公卿贵族，下至贩夫走卒，一见如故"。他虽然经营管理不如萧何，运筹帷幄不如张良，决战千里不如韩信，但是能成为众人的领袖。究其原因，就是因为他拥有广泛的人脉，这种人脉被称为个人社会资本。社会资本是指将群体成员紧密联系在一起的各式各样的纽带，在大部分情况下能给人一种归属感，使人感受到支持与信任，拥有共同的目标，融入社会网络并加强群体间的联系。社会资本主要由人与人之间积极联系的因素构成，如信任、理解、共同的价值观，以及将群体和社会网络成员联结起来并促进合作的行为。

在我们的文化中，人际关系被视为一种社会资本，其内涵远超普通社会关系与公共关系的范畴，被赋予了更多的特殊含义。尤其当我们面临身心健康的威胁时，人际关系就能发挥重要的缓冲作用，给人带来归属感和安全感。这是一种人与人之间直接的情感性和心理性的联结。本章将讨论人际关系的基本定义、类型和规律，并深入探究在中国文化背景下，人际关系所呈现出的独特特点。

第一节　人际关系概述

人际关系是人与人之间通过直接交往（包括沟通及其他各种形式的交流）发展起来的较为稳定的情感联系，其本质是心理关系。

为了深入理解人际关系的含义，我们将其归纳为以下三个方面并逐一进行进一步解释。

（1）人际关系是在人际交往或社会互动过程中建立的。人际交往与社会互动是构建人际关系的前提。当今社会，互联网的应用深刻地改变了人际交往的方式，也改变了人际关系的特点和形式。由原先的“人—人”互动方式向“人—机—人”交互方式转变，这使网络中的人际关系呈现虚拟性、匿名性等特点，同时丰富了人际关系的内涵，扩展了人际关系的范畴。

（2）人际关系根据亲密程度不同呈现层次性。我们常用亲、疏、远、近来表述不同层次的关系，在社会学中则分为强关系与弱关系。人际关系的亲、疏、远、近，既不能用时空距离来衡量，又不能仅凭交往频率来判断。鉴于人际关系的本质是心理关系，考察其关系的核心指标在于双方的心理距离。因此，衡量人际关系的好坏，需要依据双方在关系中认知的一致性、情感的融洽性和行为的配合性。

（3）人际关系中包含了认知、情感和行为三种心理要素。建立人际关系的心理过程应遵循从认识到情感再到行为的顺序。我们在社会情境中获得对一个人的基本认知并形成综合印象，随后产生喜欢或不喜欢的情感体验。这些情感因素最终决定我们是否继续发展人际关系，而情感倾向又决定了在人际关系中的行为倾向。积极的情感体验能够增加人际吸引力，使我们在行为上倾向于更加亲密、接近和协调。而负面的情感体验会破坏或终止人际关系，导致产生排斥、对立和疏远等行为倾向。

一、人际关系类型

人际关系的分类方式是多种多样的，我将主要介绍长期人际关系和短期人际关系，以及个人性与非个人性关系。

（一）根据相互作用时间的长短，人际关系分为长期人际关系和短期人际关系

1. 长期人际关系

长期人际关系通常与重要的社会角色紧密相连，是人们在长期相处过程中逐渐形成的深厚情感纽带，如家庭关系、朋友关系、师生关系、爱情关系及工作伙伴关系等。长期人际关系不仅与人们的社会关系相联系，还涵盖了生活中的重要他人，是在时间的考验下逐渐建立起的信任、理解和相互依赖，对人们产生深远而持久的影响。一旦建立了这样的关系，人们就会频繁交往，并自然而然地察觉到其存在，

给予高度关注。而这种关注度又会反过来加深人际关系对人们的影响，形成一种良性循环。

长期人际关系的维持与发展是一个动态过程，需要双方共同努力与承诺。这一过程离不开有效的沟通、信任、相互支持、共同成长和尊重等关键因素。

2. 短期人际关系

短期人际关系指的是在偶然生活事件中因人们交往而形成的关系，如逛街时，有人向你问路，此时你与问路人之间便建立了短期人际关系。由于短期人际关系的偶发性，它对人们产生的影响自然也就不大，通常仅涉及具体、表面的行为，而难以触及人们深层的态度与价值观。

具体来说，短期人际关系是指在较短的时间内形成并可能迅速结束的关系，更多地依赖于社交礼节和礼貌行为，以维持和谐和高效的互动。这类关系可能持续数分钟至数月不等，围绕特定的目标或需求而建立，如完成一个项目、解决一个问题或满足一时的社交需求，但随着任务的完成或情境的结束而减少或停止，通常不涉及深层次的情感连接或长期的承诺。由于时间的限制，这种关系往往停留在较为表面的层次，个体之间的界限通常比较明确，双方对彼此的期望和责任有清晰的认识，因而不太可能深入探讨个人价值观、生活经历或深层次的情感。

短期人际关系虽然不如长期人际关系那样深入和持久，但是在现代社会中仍然扮演着重要的角色，有助于个人在特定时间和环境中达成目标、获取信息、扩展社交圈和丰富生活体验。

（二）根据是否以情感为目标，人际关系分为个人性关系与非个人性关系

个人性关系和非个人性关系是描述人际关系性质的两个主要术语，它们在亲密度、情感投入、互动模式和目的性等方面有所区别。

1. 个人性关系

个人性关系通常指的是那些基于个人情感、信任和亲密度的关系。这类关系涉及深层次的情感交流和个人层面的联系。在个人性关系中，个体会分享彼此的感受、想法和经历，从而建立情感上的联系。他们相互信任，在需要时会寻求对方的支持与帮助。随着关系的深化，他们还可能共享私密信息，并参与亲密行为，如拥抱、亲吻等。这类关系往往历久弥坚，涵盖家庭关系、密友关系及伴侣关系等。因此，个人性关系对个体的心理健康与幸福感具有显著影响。

2. 非个人性关系

非个人性关系指的是以任务、目标或角色为基础的关系，不涉及深层次的情感交流。这类关系通常围绕特定的任务或目标而建立，如工作关系、客户服务关系等。在非个人性关系中，个体之间的互动更多基于他们的角色和职责，而非个人特质。这类关系中的成员通常保持一定的情感距离，不会分享个人生活的细节。一旦任务完成或目标达成，关系就会随之终止。通常而言，非个人性关系的互动相较于个人性关系更为正式且讲究礼节，需要遵循既定的社交规范与职业准则。

总的来说，个人性关系和非个人性关系在人际关系的广谱中代表了两个不同的极端。个人性关系是以个人情感目标为中心，更注重情感的联系和亲密度。而非个人性关系是以个人情感之外的目标为中心，更侧重于任务的完成和角色的扮演。在现实生活中，这两类关系对我们的影响也是不同的。个人性关系在长期的交往过程中潜移默化地塑造着人的态度与行为。而非个人性关系则对人的影响呈现间断性，其影响通过交往目的是否达成来体现。个体可能同时拥有这两种类型的关系，而它们在不同情境与生活领域中各自发挥着独特的作用。

二、人际关系的功能

人际关系的重要性是显而易见的。人际交往不仅可以满足人们的各种需求，还可以给人们提供必要的社会支持，并助力人们实现个人价值与社会意义。

（一）满足人的交往需要和亲和动机

正常人都有寻求和保持积极人际关系的愿望，并渴望成为某一群体的一员，以获得群体的认同感与归属感。他们热衷于参与社会活动、与人交流，并渴望得到他人的关注、友谊、合作与赞美。在像恋爱关系这种亲和性的关系中，人们能够获得多方面的需求，如依恋感、可靠的同盟感、价值保证、真诚的意见及受教育和成长的机会。

如今很多人选择“宅”的生活方式，这导致人际交往减少、社会参与度降低，进而引发社会功能下降乃至丧失，最终对心理健康产生不良影响。

（二）帮助人克服寂寞，消除孤独感

人作为群体性动物，本质上具有社会性。当脱离群体独处时，寂寞感会给人带来不愉快与不安全的体验。因此，人们通过参与群体活动和建立人际关系来摆脱

这些感受。寂寞可分为情绪性寂寞与社会性寂寞两种，具体内容如下。

1. 情绪性寂寞

情绪性寂寞是指因没有任何人可以依恋而产生的寂寞。以大一新生为例，大一新生刚到学校的最初几周，他们无法像在家时那样依靠父母和朋友，这时就容易产生情绪性寂寞。

2. 社会性寂寞

社会性寂寞是指当个体缺乏社会整合感或由朋友或同事等所提供的团体归属感时所产生的寂寞。例如，刚进入新单位上班时，新员工对工作环境和同事之间的人际环境还不熟，短时间内难以融入集体，这时就会产生社会性寂寞。

因此，我们常会看到大一新生倾向于寻找谈得来的同学作为朋友。新员工喜欢找能在工作上给予自己帮助的人做朋友。当然，若一个人仅仅为了消除孤独和寂寞而刻意迎合外界，构建虚伪的人际关系，反而会带来负面效果。

（三）给人带来直接的情感支持和社会支持

萧伯纳说："快乐有人分享会是双倍的快乐，痛苦有人分担会减轻一半的痛苦。"在人际关系中，我们不仅能获得归属感、认同感和价值感，还能收获情感上的支持。在人与人之间的交往互动中，通过倾诉、宣泄等方式释放了内心的压力与情绪，同时也在对方那里得到安慰、理解和建议等情感上的支持。有时，我们还能获得物质援助、时间上的陪伴和社会资源等方面的实际帮助。关于抗挫力的研究表明，个人在困境中的抗挫力与其人际关系的优劣呈正相关。拥有外在支持的人，即使他人未直接提供实际帮助，良好的人际支持系统也能为当事人增添内心力量，增强当事人对挫折的耐受力，激发当事人走出困境的勇气。人际关系状况与心理健康密切相关。人际关系不良的人容易导致心理问题，而有心理问题的人也会伴随出现人际关系不良，两者是互为因果的关系。

三、人际关系理论

（一）人际关系的三维理论

人际关系的三维理论指出，在需要维度上，人际关系包含包容的需要、支配的需要和情感的需要；在行为倾向上，人际关系分为主动与被动两种形式。这三个需要维度与两种行为倾向相结合，共同构成了人际关系的六种基本模式，具体见表 4-1-1。

表 4-1-1 人际关系的六种模式

需要维度	行为倾向	
	主 动	被 动
包 容	主动与他人交往，积极参与社会生活	期待他人接纳自己，同时表现出退缩和孤独的情绪
支 配	喜欢控制他人，能运用权力	期待他人引导，愿意追随他人
情 感	对他人表现出喜爱、友善、同情和亲密的态度	对他人显得冷淡、负性情绪较重，但仍期待他人对自己表现出亲密的态度

一名大一新生入学后不久便提出退学申请，原因是宿舍同学经常欺负他。其他同学之间相处融洽，唯独将他排斥在外。当站在门口时，他常遭到训斥，甚至被要求滚出宿舍，有时还被要求为舍友打洗脚水。辅导员老师经过调查核实了这些情况，并对其他同学进行了批评教育。但同学们回应说："老师，我们也很委屈。他总是一副等着被欺负的样子，好像不欺负他就对不起他似的。"虽然这些话中有自我辩解的成分，但是敏锐的辅导员发现这位受欺负的同学具有"被动攻击型"的人格特征。他内心渴望友谊，期望融入群体，但在处理人际关系时表现得完全被动。他渴望"被包容"和"被支配"。进宿舍前，他总是小心翼翼地站在门口，观察别人的反应，而其他同学看到他这副样子，心里感到不舒服，忍不住呵斥他几句。他的不知所措又让对方更加厌烦，最终导致他被赶出宿舍。然而，他竟然真的会按照要求滚出去。

这让人困惑：为什么他明明内心充满不满和委屈，行为上却表现得如此懦弱和服从呢？实际上，这是他采用的一种变相攻击手段——被动攻击。他通过表现出完全弱者的姿态来表达自己的愤怒。可以想象，当给同学打洗脚水时，他内心似乎在说："看看吧，你们有多坏，就像对待奴隶一样对待我。我就站在你们面前，像个奴隶一样，让所有人都知道你们是如何狠心地欺负我的。"因此，他总是有意无意地为自己营造"受欺负"的情境，以此激发别人身上邪恶的一面来对待自己。

辅导员从两方面同时做工作。一方面，辅导员引导舍友理解这位属于"被动攻击型"的同学，指出他内心也是非常渴望友谊，渴望同学对他的接纳和认可，只是他的表达方式与别人不同，并强调舍友应该主动接纳他，帮助他打开心扉。另一方面，辅导员也引导这位同学提升自信，改变与人交往的方式，从"被动式"表达转变为"一致性"表达，学会真诚、一致地表达自己的观点和情绪，进而学会和同学交心。

辅导员的工作取得了显著成效，此后宿舍的同学关系非常融洽，氛围轻松愉悦。这种良好的关系成为所有同学的宝贵财富，即便毕业多年，他们依然相互牵挂、彼此支持，如同好兄弟一般。

（二）社会交换论

社会交换论认为，人际关系本质上是一种双方的互换。例如，朋友陪你逛街花费半天时间，你请对方吃饭以示感谢，这类常见的交往活动均包含社会交换的意味。中国人讲究“礼尚往来”，西方人也说“有好篱笆才有好邻居”，都强调了人与人之间的往来是相互的，并且要讲究公平互惠。人际交往行为往往围绕各自的利益进行，双方都在心中权衡收益与代价的比例。一方如果付出多而回报少，就会认为不公平，会主动退出或终止人际关系。因此，双方收益与代价的比值最终会接近1，即达到双方的平衡与公平互惠。社会中普遍的人情往来、生意合作等均属于社会交换行为。

社会交换论背后的假设是将人视为利益驱动的“经济人”。然而，有人反对用交换的视角来看待人际关系，认为许多关系无法从社会交换的角度来解释，如家庭关系是一种不分彼此的共享关系；又如父母对子女的无私付出，若将其视为交换，恐怕难以被人接受。

四、人际关系的发展过程

人与人之间的交往十分复杂，但我们仍能从中发现一个规律，即人际关系通常会经历以下形成或恶化的过程：定向—情感探索—感情交流—稳定交往—漠视—冷漠—疏远—终止。

（一）定向阶段

在定向阶段，交往双方会对彼此表现出注意、好奇、希望了解和初步沟通等心理活动。每个人在选择交往对象时都是有选择性的。只有遇到能激起我们兴趣的人，我们才会注意到他。注意是交往行为的开端。在初步交往中，双方往往只进行表层的交流，如工作、职业等无关紧要的非个人性的话题。定向阶段的时间长短随情况的变化而发生变化。例如，对于一见如故、相见恨晚的人，在第一次见面时定向阶段就会完成。而对于自我防卫心理较强、不信任他人的人，即使经常见面且有较多接触机会，也可能需要较长时间的沟通才能完成定向阶段。

（二）情感探索阶段

在情感探索阶段，交往双方都在探索彼此间在哪些方面可以建立情感关系。起初，这种探索可能只在一个方面，但随着深入沟通及了解，这一范围就会逐渐扩展至多个方面。同时，自我暴露的广度和深度也会随之增加，但仍不会触及个人私密性领域。此阶段的交往方式与定向阶段相似，带有正式交往的特点，双方都注重自己的表现，希望给对方留下好印象。

（三）感情交流阶段

在感情交流阶段，双方关系出现了实质性变化，双方都觉得对方是可信可靠的，于是人际关系也正式确立。交往话题开始涉及个人私密领域，双方都有了较深的情感投入，并对彼此产生了强烈的依赖性和亲密感。因此，当遇到生活中的烦恼和困难时，双方都会向彼此倾诉。如果在此阶段中双方关系发生破裂，就会给彼此带来很大的压力和苦恼。

（四）稳定交往阶段

在稳定交往阶段，双方的心理相容性增强，双方都已经允许对方进入自己的私密领域，相互间的关心也随之增多。然而，能进入这一领域的人并不多，更多的人仍停留在感情交流阶段，并在此阶段简单重复。

在上述 4 个阶段中，交往双方都可能会因各种各样的因素而中断交往。例如先是漠视，接着是冷漠，然后是疏远，直至关系终止。这个过程可能时间很长，也可能很短。关系终止的原因可能是时空的分离，如原本亲密的同学毕业后就慢慢不联系了；可能是朋友的新旧交替，到了一个新的地方，交到了新的朋友，因而在旧朋友身上花费的时间就会变少；可能是交换与回报水平的变化，如果在交往过程中觉得自己付出得多而收获得少，就会终止交往；可能由喜好标准的改变、情感投入未得到满足或无法容忍的第三方关系出现导致关系终止。

第二节 人际关系法则——吸引与排斥

简单地说，人与人之间的情感联系无外乎倾向于相互吸引或相互排斥。什么情况下吸引，什么情况下排斥呢？为什么甲与乙相互吸引，而甲与丙相互排斥呢？

无论吸引还是排斥，都遵循着某些共同的原则，并受到某些因素的影响。

一、交互原则

每个人都希望获得别人的认可、接纳和喜欢。在社会交往中，人们往往更关注自我，更在意自己的表现是否得体，是否能赢得对方的喜爱与肯定，这些反而导致了人际关系的种种困境。在此过程中，人们忽视了一个基本的人际法则——交互作用。人与人的互动是平等且双向的。人际关系的基础在于相互重视与支持。人们倾向于喜爱那些喜爱自己的人，厌恶那些厌恶自己的人。因此，如果想在人际关系中获得赞美与肯定，就应先以欣赏与肯定的态度对待他人；如果想获得他人的情感支持与行为帮助，就应先伸出援手。总之，一个朴素的道理是：在人际关系中，你希望他人怎样对待自己，自己就要怎样对待他人。

二、联结原则

人们喜欢与美好经验联结在一起的人，讨厌与不愉快经验联结在一起的人。例如，人们喜爱与成功人士交往，而不愿意与失败人士为伍。一个人缘好的人往往是那些能带来轻松愉快、充满正能量的人。相反，一个天天抱怨、愤慨的人，其周围的磁场中充满了负能量，这样的人不仅无法赢得他人的同情和理解，还会遭人疏远，甚至抛弃。当一个人欢笑时，可能会带动周围的人一同欢笑。而当一个人哭泣时，不要期望所有人都会陪伴你一同哭泣。

三、自我价值保护原则

自我价值是指个人对自身价值的意识与评判，涉及人的心理内核——自我意义。为了保持自我价值感，人们的心理活动往往围绕着一个主题展开，即守护积极的自我价值，避免自我价值遭到否定。试想，一个曾经极为成功的人面临破产困境时，他更倾向于向哪类人寻求帮助？是那些过去比自己强大且一直支持自己的人，还是那些自己曾经帮助过的人？我们可能认为，那些受过自己帮助的人会更愿意提供帮助。然而，有些自认为过去地位较高的人，却不愿向那些过去不如自己的人求助，因为他们想要守护已有的自我价值感。

四、人际吸引水平的增减原则

人们倾向于与那些对自己喜欢程度逐渐加深的人交往，而厌恶那些起初肯定自己后来又否定自己的人。这或许是因为与前者相处能带来成就感，而与后者相处会带来挫败感。在遭遇否定评价时，人们会感到焦虑并产生自我怀疑，从而更加渴望得到肯定。因此，当否定之后的肯定评价出现时，它比起普通的肯定更有意义，更能提升人际吸引力。此外，有研究表明，在表达对他人的欣赏与赞美时，如果能逐步加深赞美的程度并引入新的赞美角度，这样的变化过程能够更有效地提升对他人的吸引力。许多夫妻反映婚后关系不如恋爱时亲密，原因之一就在于双方减少了相互的赞美与欣赏，从而降低了人际吸引力。

五、相似律和互补律

到底什么样的人之间更容易彼此吸引呢？人际吸引遵循两个规律：相似律和互补律。在大学校园里，各类老乡会和社团都是基于成员在某些方面的共同特性而组建的。观察你的朋友们，你会发现他们大多在某个方面与你存在共性，如共同的爱好、个性、价值观或地域背景等。当然，也存在例外，即两个性格差别很大的人也能建立起良好的人际关系。但这里的差异并非排斥性的格格不入的差异，而是互补性的差异。例如，支配性强的人可能会选择依赖性强的人作为朋友，两人往往能成为最佳搭档。相似律和互补律并不冲突，都是在对方身上找到了某种认同，从而满足了自身的需求。两个来自同一地域的人能在彼此身上看到共同熟悉的环境和记忆，从而获得相互认可。同样，主动型的人和被动型的人在彼此的关系中分别满足了支配与被支配的需求。

第三节 中国人际关系的特点

一、中国传统文化对关系的理解

关系和人情是中国特有的本土现象。关系和人情总是纠缠在一起，通过人情性的交往来建立和维护一种情感联系，从而建构起某种社会关系。因此，中国人说的关系不同于西方人所说的公共关系，蕴含着本土文化中的独特含义。

新儒家代表人物梁漱溟曾说，中国社会既不是社会本位，又不是个人本位，而是关系本位，人是关系的存在。费孝通先生通过对中国乡土社会的考察分析，指出中国的人际关系是差序格局。差序，即有差别的秩序。在传统社会结构中，个人消融在家庭中，家庭是核心，家庭外围是家族，家族外围是以血缘和婚姻为纽带构成的亲属关系，以及在社会活动中形成的朋友、熟人等关系，最终扩展到公共领域和外部世界。中国自古就有“家天下”的思想和浓厚的“小家庭”意识。在这种差序格局的层层包围下，中国人更多地将精力投放到关系密切的家庭、家族上面，对外部世界较为冷漠和麻木。在中国人的观念中，必须明确区分关系的亲、疏、远、近，判断其所属层级，并据此调整自身行为。如果在亲近关系中表现冷淡，就会被视为“没人情味”。反之，如果过度关心与自己无关的人和事，就会被看成是越位，“多管闲事”。

二、中国人际关系的社会取向特征

台湾学者杨国枢先生认为，与西方人际关系的个人取向相比，中国人的人际关系是社会取向的。这种取向反映了中国文化的独特需求，具体表现如下。

（一）家族取向

家族主义是中国传统社会最主要的特征之一，虽然在现代社会有所减弱，但是依然占据着重要地位。作为一种心理与行为倾向，中国人的家族主义体现在对家族的认知、情感与意愿上。从认知上讲，中国人的家族主义强调家族延续、和谐团结，追求家族的富足与荣耀。从情感上讲，中国人的家族主义强调一体感、归属感、荣辱感、忠诚感和安全感；从意愿上讲，中国人的家族主义强调繁衍子孙、崇拜祖先、相互依赖、忍耐、顺从、为家族奋斗，并坚守长幼有序、内外有别的原则。

（二）关系取向

曾有人做过实验，让中国孩子和外国孩子分别对一些卡片进行归类。外国孩子将牛、狮子、老虎归为动物类，草原、森林、牧场归为场地类。而中国孩子则将牛与牧场、狮子与草原、老虎与森林分别配对。因为在中国孩子的认知中，牛生活在牧场上，狮子栖息于草原上，老虎出没于森林中。这反映出中国人的关系思维根深蒂固。中国人的关系取向，具体表现如下。

1. 关系角色化

中国人强调在人与人的社会关系中界定自己的身份。当被问到“你是谁”的问题时，中国的孩子习惯说：“我是某某的孩子。”

2. 关系的互赖性

中国人与他人发展关系的目的是期望通过相互依赖来获取回报。其中，最典型的表现便是追求互利互赢的局面。

3. 关系的和谐性

中国人极为重视关系的和谐，尽量避免与人发生直接冲突，秉持“以和为贵”的原则，追求“一团和气”，深信“家和万事兴”与“和气生财”的道理。

（三）权威取向

中国人崇尚权威，并希望自己成为权威。权威取向主要体现在权威敏感、权威崇拜和权威依赖方面，具体表现如下。

1. 权威敏感

中国人对权威的存在非常警觉与敏感，在任何一个场合都会细心观察有没有权威的存在。

2. 权威崇拜

中国人对权威充满崇拜，并表现出绝对化的倾向。

3. 权威依赖

由于认为权威是可信的、全能的且永远的，因此中国人在行为上会对权威产生依赖。

（四）他人取向

他人取向具体表现在顾虑人意、顺从他人、关注规范和重视名誉方面，具体表现如下。

1. 顾虑人意

对他人的意见极为敏感，在做出决定和采取行动前，中国人常常花费大量时间了解别人的观点，并考虑这些观点对人际关系可能产生的影响。

2. 顺从他人

为了维持良好的人际关系，中国人往往愿意放弃个人标准和独立见解去迎合他人的意见，并将他人意见作为自己行为的指引。

3. 关注规范

在中国人的心目中，社会规范是自己言行的主要依据。他们不想标新立异、特立独行，也不愿意越雷池一步，认为遵循既定的社会规范是最安全的。

4. 重视名誉

中国人非常看重自己的名誉，会根据自己在社会中的声誉和他人的评价来调整自我监控的方式和内容。

三、中国人际关系分类

（一）三个层面

鉴于上述人际关系的特征，我们可以将中国人的人际关系划分为3个层面，具体内容如下。

1. 第一层是家人关系

家人关系是最核心的一层。家人关系是一种共享关系，对家人的权益维护和利益付出是不求条件、不计回报的。当家庭关系出现裂痕时，人们固然会感到沮丧、焦虑、愤怒，甚至敌意，但多数中国人更倾向于忍耐，因为家人关系被视为私人关系，外部的社会规则在此并不适用。

2. 第二层关系是熟人关系

第二层关系是熟人关系，熟人包括同学、邻居、同事、同村乡亲等。在熟人间的交往中，人们往往期待得到相应的回报。因此，熟人之间经常有人情往来和互助行为。

3. 第三层关系是生人关系

第三层关系是生人关系，即公共关系，如同一社会的公民或同一国家的同胞。生人关系通常是排除了人情的纯粹的社会关系。生人之间交往频率较低，对关系中的回报和利益要求较高，并且缺乏信任和人情的变通。

（二）4个区域

在中国人的心目中，依据关系对个人的重要性，可以将关系划分为4个区域，这些区域体现了个人与他人之间的亲密度、互动频率，以及在社会交往中的作用和重要性。

1. 核心区

核心区，即家人关系，是社交网络中最亲密且最值得信赖的部分，通常涵盖家庭成员、直系亲属和最亲密的朋友。这些人在个体的生活中往往扮演着重要角色，为个体提供情感支持，帮助应对个人危机，并在日常生活中发挥着关键作用。他们通常是个体最为依赖的成员，也是在任何情况下最有可能伸出援手的人。

2. 可靠区

可靠区通常指的是与家族成员和近亲属的关系。这类关系是家庭的主要社会支持系统和社会交往领域，是可信赖的和可依靠的。但与核心区相比，可靠区关系的亲密程度和情感深度可能稍低。这个区域包括远亲、老朋友、同事或邻居。虽然这些人不像核心区的人那样频繁互动，但是在个体有需要时，他们仍然是可靠的支持者。

3. 有效区

有效区包括那些在特定情况下可以提供帮助或资源的人。这个区域的成员可能不是个体日常交往的常客，但在特定的社会或职业场合中非常重要，如亲朋故交、业务联系人、专业人士或在特定领域内具有影响力的人。在找人办事时，我们可以利用的资源就是有效区的人际关系。

心理延伸

青春期对亲子关系的挑战

4. 外围区

外围区，即生人关系和外部世界，包括那些社交联系较为疏远的人。这个区域的人对个体生活的影响较小，互动也不频繁。在紧急情况下，外围区的人或许不是首选的支持者，但在扩展社交网络和提供信息、机会方面，外围区的人可能具有潜在价值。

心理延伸

青春期亲子关系的调整

拓展阅读

中国人际关系中的人情与面子

人情与面子是中国人在社会互动中最为常见的两个概念，属于本土文化现象，为我们提供了一个解释中国人心理行为的模式。在人情与面子的影响下，中国的人际关系相较于西方社会的角色关系和交换关系，显得更为复杂、私人化、感性且模糊。人情和面子在中国人的社会行为中具有显著的地位，反映出中国人在社会生活中对关系的重视。人情和面子建构的关系多属个人关系而非公共关系，即富含交情或私交的情感性人际关系。建立这种关系的目的是打破角色意义上的期待和规范，将人与人之间的关系导向一种充满情感、注重回报且长久性的方向上去。

人情和面子与关系之间的关系比较复杂，要理解中国人的人情和面子与关系，就必须置于中国本土文化的背景下进行考量。中国社会文化中的关系更侧重亲缘与地缘的表述，同时也涵盖了通过特定组织方式如同学、同事或战友等发展出的紧密联系。上述各种联系共同构成了相对稳固的社会网络，而人情和面子便孕育于这一网络之中。在多数情况下，缺乏社会网络的环境，人情和面子便难以得到滋养。在关系网络中，人情与面子相辅相成：面子能催生人情，人情也能带来面子。面子通过人情得以体现，人情也通过面子得到体现。一个人若赢得了面子，通常会得到其所在社会网络的共同认可，而一个功成名就的人更应主动回馈那些曾为其增添面子的人。这也是人人看重面子的原因之一。

人情与面子之间虽然存在许多模棱两可、纠缠不清的含义，但是各自的重点仍有所不同。面子一词也常被用作颜面、面目或脸皮等的代称，是面孔一词的转喻。在中国社会，个人是家族链条上不可或缺的一环。因此，个人的言谈举止、为人处世、事业成就、仕途财富等问题，不仅关乎个人，还承载着整个家族的期望，并伴随着因这些期望而可能带来沾光的问题。相反，如果一个人的行为或事业选择违背了家人的期望，或以失败告终，他就会感到羞耻和丢脸。而这种羞耻感并不是他个人的感受，还容易波及全家乃至祖先。因此，脸面的丧失会让一个人不愿意回归家族群体，以免遭受家人的责备或让家人在公众场合感到无地自容。于是，脸面的动力和行为的方向都是以与相关者共享共荣为特征的，即与所谓的光宗耀祖、光大门楣、沾光等心理和行为相联系。

人情的含义与面子有所不同，它是一个具有排斥性或封闭性的概念，原本指人的自然欲望和情绪，后来发展成有关系者之间的维持方式。在家庭制度和儒家思想的影响下，人情明显地带有人伦或者情感义务的含义，主要体现在交往双方经常进行有形与无形资源的交换，以期获得关系的牢固性和长久性。人情的封闭性在于交换双方清楚谁欠谁的人情，不涉及第三方。相较之下，面子是一个具有辐射性或推广性的概念。在面子层面，一个家族或家乡里出了一位名人，家族和家乡的人们不需要这位名人的首肯，就已经沾了他的光。而人情则是互惠互欠的。总之，人情侧重于一对一的交换关系，其回报方式注重实惠和实质性帮助，而非评价；面子则侧重于对交往关系的价值判断或赞许。换言之，平时多积累人情，便能赢得更大的面子。反之，如果忽视人情，就难以获得面子。

人情与面子构建的规则不仅涉及关系双方的互动，还常常受到第三者的影响。例如，A与B建立了人情关系，这时B对A既可以说“看在我的面子上”，又可以说“看在我们的人情上”，这时面子和人情在A与B之间并无差异。但当出现第三方C时，人情与面子便产生了区别。若A与B、B与C均有人情关系，而A与C无人情关系，人情社会便可以通过B作为面子的中介来运作。此时C无法对A说“看在我的面子上”，因为C与A无人情关系，自然无法从A处获得面子，但可以说“看在B的面子上”。A虽然本不愿给C面子，但是出于给B面子的考虑，最终也会给C面子。我们想象一下中国人情与面子中的“打招呼”“托关系”等现象。在面子文化中，周围人的捧场很重要，捧场就是“给面子”。面子已成为中国人际关系运作中相互交换的无形资源。显然，一个人拥有面子及面子大，会作为一种“个人地位”来联结关系网络，因为只有拥有面子或面子大的人，才有机会和能力来运作其社会网络。

（节选自《人情与面子：中国人的权力游戏》，有改动）

第五章　社会角色

导　读

某女士之前曾在一个小区的物业从事清洁工作，月薪为2 600元。每当别人问及她的职业时，她总是略显底气不足地回答说："我就是一个打扫卫生的。"后来，她有机会进入一所私立幼儿园工作，同样是负责打扫卫生、清洁孩子们的房间和整理衣物等任务，但月薪降至2 300元。然而，朋友们发现她变得衣着讲究，精神焕发。当有人再次问及她的职业时，她会带着自豪的口吻说："我在幼儿园上班。"

这位女士的变化主要在于她获得了一种社会身份感。

社会身份和社会角色两个概念是相联系的。社会身份通过扮演某种社会角色来体现。因此，我们可以借助角色理论来理解社会身份。

莎士比亚在他的戏剧中说："世界是一个舞台，所有的男人女人都是演员。他们有各自的进口与出口，一个人在一生中扮演多种角色。"

社会角色概念经常与社会地位、社会身份联系在一起。社会身份指的是个体从属的某个群体，并在该群体中获得身份感，具体体现为个体在社会群体中被赋予的身份及该身份应发挥的功能。社会角色是在社会系统中与一定社会身份相关的并符合社会要求的一套个人行为模式。可以说，社会角色是社会地位的外在表现，是人们对处在特定地位上的人的行为期待。

人所扮演的角色到底会对人产生什么影响？难道一个角色真的就像演戏一样只是一种虚拟的表演吗？事实没有这么简单。我们先看一个著名的实验：津巴多监狱实验。

津巴多监狱实验，又称斯坦福监狱实验，是由心理学家菲利普·津巴多在

1971 年于斯坦福大学进行的一项著名研究。该实验旨在探讨人在监狱环境中的行为变化,以及情境因素对个人行为的影响。实验人员招募了一部分志愿者参与为期两周的监狱生活实验,最后筛选出 24 名心理健康的美国大学生。随后,菲利普·津巴多随机选取一半大学生扮演监狱看守,另一半扮演囚犯。有趣的是,在随后的访谈中,大多数志愿者表示他们更想扮演囚犯,因为扮演囚犯可以体验不同的经历。接着,"囚犯"们被告知,他们被剥夺了公民权利,只能得到最低限度的饮食和医学上的照顾。而"看守"们被告知,其行为应尽可能贴近真实情境,但严禁使用暴力维持秩序。

实验开始的第一天,除了双方都显得比较兴奋外,一切都很平静,大家相安无事。到了第二天,"囚犯"们开始表达不满,随之发生了暴动。他们撕掉了囚服上的编号,拒绝执行命令,并试图反抗"看守"。菲利普·津巴多随即要求"看守"们控制局面,"看守"们照做了。"看守"们采取的措施包括强迫"囚犯"做俯卧撑,剥去"囚犯"的衣服,拿走他们的饭菜、枕头、毯子和床,命令"囚犯"用手清洗马桶,实施禁闭等惩罚。第三天,情况进一步恶化,不少"囚犯"要求退出实验,但这一要求被拒绝了。随后的几天里,"看守"们变得更加肆无忌惮,对"囚犯"的虐待行为不断升级,最终局势完全失控,导致"囚犯"们心理纷纷崩溃。在这一过程中,所有人都忘记了这仅仅是一场实验。鉴于此,菲利普·津巴多不得不在实验进行到第六天时提前终止了实验。

更有意思的是,实验结束后,菲利普·津巴多对参与实验的 24 名志愿者进行了人格测试,结果呈现出显著的两极分化。那些扮演看守的学生展现出了暴躁、蛮横、专制等特征,带有暴力倾向,攻击性增强。而扮演囚犯的学生,其人格特征也发生了变化,他们自我评价降低,表现出恐惧、畏缩、压抑、仇恨和被动攻击性等负面特质。

津巴多监狱实验的结果表明,即使是普通人,在特定的社会环境和角色期望下,也可能表现出残忍和权威的行为。由此可见,人在一生中扮演的主要角色会深刻地影响并内化为自身人格的一部分。当用心观察社会中形形色色的人时,你会发现,单纯从人的言谈举止就可以大致判断出一个人的职业身份、社会地位及他所拥有的社会角色。例如,有人喜欢打官腔,气场十足,这或许正是职场环境塑造出的行为模式;而表现出严谨认真、道德感强且喜欢说教的人,很可能是一名教师。我们通常认为做技术工作的人理性且严肃,搞艺术创作的人感性且散漫。

第一节　角色理论的基本概念

角色理论通过戏剧来比拟现实生活。在现实生活中，具有社会身份的行为，就像戏剧中演员扮演特定角色的行为一样。作为社会结构中的一员，人担负着各种各样的身份，每时每刻都与周围环境和人群产生直接或间接、真实或想象中的联系。这就要求人们戴上不同的面具，扮演不同的角色来应对。人的社会行为是由社会环境、社会要求与规范、个人在各自地位上的角色表现、个人对角色的理解、个性和能力等主客观因素综合决定的。人生犹如戏剧舞台，只不过“社会剧本”为人们提供了更为广阔的角色创造空间。“观众”指的是那些与行为者发生关系的真实或想象中的人。人的行为也带有强烈的表演色彩。生活赋予你何种角色，你就应该按照“剧本”“导演”和“观众”的期望与限制去表现。当然，表演者可以在自己的角色中融入个人理解并进行自由发挥。

接下来，我们通过几个基本概念进一步理解社会角色的不同侧面。

一、角色期望与角色规范

角色期望与角色规范是社会学和心理学中用来描述个体在社会互动中的行为标准和预期的概念。《红楼梦》中的焦大在醉酒后破口大骂，读者能否接受这一行为呢？能接受！但同样的行为如果发生在薛宝钗身上呢？读者会认为不可能！因为这样的行为发生在贵族小姐身上是不可思议的，是让人难以接受的。因此，我们对人的行为进行评价时，不仅依据人物的性格特点，还基于其社会身份所形成的角色期望。符合角色期望的行为被视为正确且应当的，而不符合角色期望的则被视为难以接受。

（一）角色期望

角色期望是指社会或群体对处于特定社会地位的个体所持有的一系列预期行为。这些角色期望往往由社会文化传统、法律、习俗及道德规范等因素共同塑造。角色期望既可以是显式的，如工作职责中的具体要求，又可以是隐式的，如社会对某种性别的一般行为预期。

（二）角色规范

角色规范是一组规定性的标准，明确了个体在扮演特定角色时应如何行为。这些角色规范通常是社会共识的产物，指导人们在特定情境下应该或不应该采取何种行动，从而有助于维持社会秩序。

角色期望通常基于角色规范，而角色规范的遵守又能够满足或强化角色期望。例如，父亲的角色期望包括提供家庭经济支持和情感支持，而父亲的角色规范包括工作稳定、参与孩子的教育和成长。当一位父亲遵守这些角色规范时，他通常能够满足社会对他的角色期望。

每个角色都代表着一系列相关的社会标准，也就是人们希望该角色的人应该做什么和不应该做什么。人的行为受到这些规范的约束和指引。角色规范不仅为我们提供了行为准则，还作为我们判断行为是否得当、对错的依据。上学时，学生需要遵循学生守则和行为规范；入职后，则需要遵守职业规范。而各种规范根据职业特点有着具体要求，即依据角色来规范行为。当行为与角色相匹配时，便被认为是恰当的。例如，教师的职业规范要求教师在讲台上仪表端庄，不得穿奇装异服。而如果是演员呢？演员的造型夸张，甚至奇特都是角色的需要，是合乎规范的。

二、角色认知与角色观念

角色认知和角色观念是与角色期望和角色规范紧密相连的两个概念，它们在个体理解和适应各自社会角色时发挥着重要作用。

（一）角色认知

角色认知是指个体对自己或他人在特定社会关系和情境中所扮演角色的理解和感知，包括对角色的行为标准、责任、权利和互动模式的认识，并随着个体经验的积累和社会环境的变化而发生改变。例如，一个新员工对自己工作角色的认知会随着时间推移和工作经验的增加而逐渐深化和调整。

（二）角色观念

角色观念侧重于个体对角色的主观解释和内在理解，体现了个体对角色的个人态度、信念和价值观。角色观念可以是正面的，如认为某个角色是尊贵和有价值的；也可以是负面的，如认为某个角色是受限和压抑的。角色观念会影响个体的行为选择和表现，这是因为人们往往根据自己的角色观念来调整行为，以符合或反抗这些内在信念。

角色认知和角色观念共同影响个体在社会互动中的表现和适应。个体如果对角色有清晰的认识，持有积极的角色观念，就更可能有效地履行角色职责，并在社会关系中获得成功。相反，个体如果对角色认知模糊或持有消极的角色观念，就可能导致角色扮演的困难和社交适应的问题。

了解角色认知和角色观念对个体发展、职业规划、团队管理和领导力培养等领域都具有重要意义。通过强化角色认知和培养积极的角色观念，个体能够更好地适应社会角色，提升工作和社交效率。

许多大学生初次踏入社会并担任新角色时，总会遇到困难或难以适应，导致四处碰壁。这多半是因为他们涉世未深，正处于角色的适应、接受和转变阶段，还没有形成清晰的角色认知和角色观念，不清楚哪些该做、哪些不该做，不了解如何行为才最符合自身角色和身份。如果尺度掌握不当，就容易导致角色越位或角色缺失。简而言之，就是做了不该做的事，或该承担的角色没有做好。

三、角色僵化与角色偏离

（一）角色僵化

角色僵化是指个体在扮演某个社会角色时，过度拘泥于角色规范，不愿或无法适应新变化和新情况。此时，个体可能对角色期望和规范持有刻板理解，忽视了角色的灵活性和多样性。角色僵化会让个体在面对新挑战或社会变迁时感到不适应，难以有效调整自己的行为以满足新情境和新要求。例如，长期从事传统行业工作的人，在行业技术革新时，可能因为习惯于既定、传统的工作模式，所以难以接受新的工作方式，从而影响工作效率和职业发展。

（二）角色偏离

角色偏离是指个体在扮演某个角色时，故意或无意地偏离了社会对这个角色的期望和规范。这可能是由于个人特质、价值观、信念或外部环境的影响。在某些情况下，角色偏离可能导致个体与社会规范的冲突，甚至带来负面的社会评价。例如，一个年轻人可能因为追求个性化和自我表达，所以选择与众不同的穿着，这与所在社会或文化对年轻人的着装期望不符。这种角色偏离可能会使他们在某些保守的社会环境中受到批评或排斥。

角色僵化和角色偏离都可能对个体的社会适应和人际关系产生影响。理解这两种现象有助于我们更好地认识个体在社会互动中的行为模式，以及如何通过教育、培训和心理咨询等方式来帮助个体更好地适应社会角色，实现个人与社会的和谐发展。

人是一个“角色丛”，即每个人都身兼多重角色，有时需要同时担任两种以上角色，有时还需要在不同角色之间自如转换。在外，我们可能是职业角色，如员工或管理者；在家，则转变为家庭角色，如丈夫或父亲。如果有人无法在不同角色间有效转换，在任何场所都是一副面孔，只会一套固定的单一的行为模式，这便是角色僵化。角色僵化的人，即使在外是好领导，在家也难以成为好丈夫和好父亲。

有位父亲因与儿子的关系紧张而苦恼。儿子不愿与他交流，听不进他的教导，还常常离家出走。为此，这位父亲对儿子进行了大量“教育”，他自称“在儿子身上所做的思想工作抵得上一个政委所做的努力”。在深入分析心理原因后，我发现这种紧张的亲子关系不能单纯归因于孩子的青春期叛逆，更深层的原因在于在孩子心中，这位父亲的角色更像是政委、独裁者，而非真正的父亲。孩子面对的是专制、严肃、整天说教且永远正确的父亲，而他不给孩子表达的机会，只要求孩子服从命令，这让孩子感到压抑、窒息，缺乏个人空间。为了避免被说教，孩子选择不交流，甚至离家出走以求解脱。那么，这位父亲的问题出在哪里呢？他是一位下过乡、参过军、转业后走上领导岗位的父亲，思想正派，做事一丝不苟。他是一名好军人、一位好领导，但绝非一位好父亲。他常用不容置疑的语气给孩子灌输“青春做伴好读书”，而孩子对父亲的评价是“空洞而僵硬的外壳”。这位父亲将自己局限于“军人”“政委”“领导”的角色中，陷入了角色僵化。他用领导的姿态、政委的语气和军人的严厉对孩子进行说教和训斥，严重破坏了亲子关系。而孩子需要的是真正的父亲角色，而非其他。因此，这位父亲需要打破角色僵化，回归父亲的角色，改变与孩子的沟通方式，学习如何成为一位真正的父亲。

四、角色冲突与角色协调

当面临两个或更多难以同时满足、协调的重要角色时，个体就会陷入角色冲突。角色冲突会引发内心焦虑和心理失调。大部分人都会遭遇家庭与事业之间的冲突。例如，一个男人陷在妻子与母亲之间的纷争中，作为儿子和丈夫，他常常感到左右为难。

遇到角色冲突时，人们会采取一些策略来应对，做出选择取舍，尽量协调，以避免角色冲突带来的焦虑和失调。

我们特别需要关注职业女性所面临的角色冲突。职业女性同时承担两大角色：职场角色和性别角色（女人）。在职场上，性别被淡化，职场文化强调的是效率、竞争、理性、上进和敬业等价值观。然而，从性别角色的角度看，我们的文化又期望女性展现出温柔、平和的特质，回归家庭，照顾家人，以及尽可能多地陪伴孩子。这两套行为模式截然不同且难以调和，导致职业女性在双重标准的重压之下陷入严重的角色冲突之中，进而引发特殊的心理失衡。

职场女性并不缺乏与男性一样的能力，但往往在职业发展上不如男性，原因就在于她们在职业与性别、事业与家庭的冲突中消耗了大量精力。作为职场人，她们无法毫无牵挂地全力以赴；而作为妻子或母亲，她们又常常对家庭怀有内疚与自责。因此，有人呼吁社会各界关注职业女性的生存状态和心理健康。解决这一问题的根本出路在于打破对女性的双重标准要求，尽量使职业角色和性别角色的要求相统一。

随着女性自我意识的觉醒，许多内心强大的职业女性开始从根本上拒绝角色冲突带来的内耗。一位知名女工程师在被问及“如何平衡事业与家庭”时，反问提问者：“你会问男人同样的问题吗？每个人的一天都只有 24 小时，我用于工作的时间多了，自然在家庭中的时间就会减少，为什么非要让我做出平衡呢？”

五、角色表现

扮演好某一社会角色对确认社会身份至关重要，同时也影响着他人对自己的看法与评价。一个完整且成功的角色扮演需要通过一系列环节来展现，以下是角色表现中的几个关键方面。

（一）布景与道具

与舞台上的表演需要装饰一样，角色表现同样需要布景与道具，不同的是社会舞台上所需要的是真正的实物。一般说来，布景与道具有象征性和实用性两个方面的作用。

（1）象征性作用，既象征着某一种角色的标志或活动场所，又间接证明着某一种角色的有效性。例如，医院的红十字、绿色的邮政信箱等都具有象征性。

（2）实用性作用，即某些角色进行实际活动所必需的工具。例如，街头的小贩，他们只需把所要卖的东西摊在地上就可以了。而国家的迎宾活动则需要有复杂的礼仪准备，如悬挂国旗，安排仪仗队，鸣礼炮，安排迎宾人群，等等。

（二）衣着、仪表与言谈举止

布景与道具只是社会角色的一种背景与衬托，而角色更为直观的表现则体现在自身的仪表与风度上。一般来说，个人的衣着打扮、仪容仪表往往会给人留下深刻印象，并引发人们对其内在品质的联想。例如，如果饭店服务员衣着整洁、干净利落，就会让顾客觉得饭店卫生状况良好。反之，如果他们满身油污、蓬头垢面，就会给顾客留下负面印象。实验显示，身着制服的门卫比穿便服的门卫更具权威性，人们更倾向于服从前者。同样，当医生穿着白大褂为人们检查身体时，人们会感到十分自然；而如果医生穿着便衣，人们就会感到不自在。因此，衣着打扮等对于角色的塑造起着重要作用，我们应重视仪表仪容的修饰，并根据角色特点选择恰当的服装。当然，衣着、仪表只是社会角色的外在展现，并未触及角色的内心世界。因此，在评判一个角色时，我们也应避免仅凭衣着、外貌做出判断。

言谈举止、姿态和风度等是社会角色内在品质的直观体现，在角色表现中占据极为重要的地位。人们认识一个角色，主要依据的就是这些方面。例如，对于军人和警察而言，虽然制服是他们角色表现的重要元素，但是他们雷厉风行的作风、严格的组织纪律性和威严的态度等，更是其角色特征的重要体现。相反，虽然社会上的一些不良分子也西装革履，但是只要观察他们的姿态、聆听他们的话语，就能轻易判断出他们所扮演的社会角色。

有些言谈举止、风度是众多社会角色所共有的，如不同角色在分别时都会说“再见”，而有些则是特定角色所独有的，如军人、警察的举手礼。此外，某些角色行为可以传达多重含义，如微笑，可以表达相互致意、道歉、幽默、心情愉快等多种情感。总之，社会角色的言谈举止、风度表现并非一成不变，而是应该根据具体需要和场合做出相应的、得体的表现。

（三）前台、后台及角色配合

在角色的表现上，我们应该注意前台与后台之分。前台表现指的是人们正在扮演某个角色时的展示，而后台表现则是指为扮演某种角色所做的前期准备工作。值得注意的是，同一场所既可以被视为前台，又可以被视为后台。例如，家庭或宿舍在平常情况下可以视作后台，但当有客人或朋友来访时，便会转变为前台。此时，主人会整理好杂乱物品，以达到印象管理的目的。由于前台与后台的表现存在显著差异，并且后台的某些表现并不希望被展现到前台，因此在设计和安排角色表现时，我们必须注意将这两种场合明确区分开来。以大饭店的服务员为例，他们的服务准备工作应在顾客看不到的另一个房间内完成。

要使角色表现出色，就必须确保角色间的默契配合，这与成功的戏剧演出离不开全体演员的协同合作是同样的道理。在一组社会角色中，任何一个角色的糟糕表现都会破坏整体的表现效果。例如，如果一个家庭想展现出色的形象并在邻居中赢得良好声誉，就需要夫妻、父母、子女、亲戚等多种角色相互配合。如果其他角色均表现出色，有一个角色却行为不端，如偷盗、斗殴，那么整个家庭的角色形象都将因此受损。其他群体，如工厂、机关、学校，也莫不如此。

第二节　性别角色及其文化意义

性别角色是指社会和文化对男性和女性应展现的行为、活动、职责和功能所持有的一系列期望和规范。众多研究者认为，性别角色虽然是基于性别的生物特征，但是在本质上是社会文化发展的产物，是个体社会化的内容和结果。

社会心理学家玛格丽特•米德是性别角色研究的先驱之一。20世纪30年代，她对新几内亚的阿拉佩什、蒙杜古马和德昌布利3个部落进行了著名的田野调查，旨在探索文化对性别角色和性别行为的影响。

研究发现，阿拉佩什部落的男性展现出温柔、关怀和合作精神，积极参与育儿和家务，而女性则表现为勤劳、负责，但较为被动。该部落性别角色相对平等，男女行为差异不大。相比之下，蒙杜古马部落的性别角色截然不同：男性被期待展现出强烈的侵略性和竞争性，女性则需要表现出顺从与被动。这个部落的性别角色分化明显，男性和女性的行为和角色有着严格的区分。德昌布利部落的性别角色与蒙杜古马部落相似，但更为极端。在这个部落中，男性被期望展现极端的攻击性和好战性，女性则需要极端顺从与从属。米德认为，这种极端的性别角色分化是文化因素塑造的结果。

玛格丽特•米德的研究表明，性别角色和性别行为在很大程度上是由文化和社会环境塑造的，而非仅仅是生物性别的直接反映。这一研究结果在她的著作《三个原始部落的性别与气质》中得到了广泛传播，并挑战了当时普遍认为性别行为与角色由生物特征决定的观念。

在许多文化中，性别角色的分配反映了社会结构和劳动分工。例如，从传统观念的角度，男性被视为家庭的经济支柱，而女性则被期望负责家务和育儿工作。这种分配不仅是基于生物性别，还基于文化对于性别能力和社会角色的期望。不同文化和社会对性别角色持有不同的理解和期望。在一些文化中，对性别角色的界定较为灵活和多样；而在其他文化中，则更为固定和严格。多元文化视角有助于我们全面理解全球范围内性别角色的多样性与复杂性。

随着时间推移，文化与社会价值观的转变促使性别角色也相应演变。例如，随着现代社会对性别平等的日益重视，女性在教育、职业和社会参与方面的机会得到了显著增加。这种变化反映了性别角色的动态性和文化适应性。

性别角色不仅影响社会结构，还影响个体的身份认同和自我概念。个体可能会根据社会对性别的期望来调整自己的行为，以符合或反抗这些角色。性别角色的认同和内化对个体的心理健康和社会适应有着深远的影响。

研究性别角色及其文化意义对推动性别平等、消除性别歧视和理解社会变迁具有重要意义。探究性别角色的形成、维持与变迁，能让我们更深入地理解社会结构对个体行为的影响，以及如何通过教育和社会政策来促进更加公平和包容的性别角色分配。此外，这也有助于我们认识到性别角色的多样性及个体在性别表达上的自由，从而推动社会文化的进步和发展。

心理延伸

解读男孩成长密码

心理延伸

解读女孩成长密码

拓展阅读

女性成长与心理因素

以往研究女性时，一些学者经常将制约女性成长的因素归咎于社会制度的不公和价值观念的束缚。20 世纪 80 年代以前的女权主义运动，主要是对男权社会的反抗，旨在争取社会地位、待遇及法律上的男女平等。从这一视角来看，女权运动已取得了一定程度的成功。然而，当前的问题是“形式上的平等”与“事实上的不平等”之间的矛盾。女性面临的课题已从争取外部权益转变为追求个人的发展与成长。

当男女面临同样的机遇且外界不存在性别歧视时，他们的选择乃至最终发展是否相同？即便作出了同样的选择，作为特定的社会角色，女性所经历的心理历程也往往比男性更为艰难和复杂。这些特定的心理历程正是制约女性成长的内在因素。我将尝试从以下角度进行分析。

一、成功的恐惧

在女性事迹的报道、文学作品及现实生活中，我们常遇见这样的形象：某位女博士虽然学业有成，但是换来“剩女”的不雅称号；某位“女强人”为了追求事业，放弃了普通女人的快乐；某位“铁腕女性”则遭人讥讽为“冷血动物”“缺乏女人味”，甚至被视为异类。这些现象都有意无意地将女性追求成功与生活幸福、完美人格对立起来，让位于金字塔顶端的女性经常感到“高处不胜寒”的凄凉。如果成功失去了自身的价值，或一个群体普遍质疑成功的意义，那么这个群体就会表现出明显的对成功的恐惧。这种既渴望成功又害怕成功的矛盾心理，使她们在追求梦想的道路上徘徊不前或退缩，难以像男性那样毫无顾虑地勇往直前。

美国心理学家荷马介绍过一个主题统觉测验。该测验针对大学男女学生。研究者向这些被试者提出了一个关于大学男女学业成就的情境，具体内容如下。

安妮（或约翰）是大学医学院的学生。第一学期期末考试后，安妮（或约翰）的成绩高居全班第一名。请根据你的直觉，描述安妮（或约翰）对自己成功后的心理感受，以及之后可能的发展情况。

研究者要求男生写约翰的情境，女生写安妮的情境。结果揭示，女性被试者对女性成就的看法与男性被试者对男性成就的看法存在显著差异。65% 的女性被试者以消极心态描绘安妮，而 90% 的男性被试者则以积极心态描述约翰。

一个有代表性的男性被试者是这样写的：“约翰是一位有见识的大学生，平时读书用功，并且感到十分满足。在中学时，他就以进入大学的医学院为理想目标。因此在获得进入医学院的机会后，他一直发奋努力。对于自己在全班取得第一名的成绩，他感到庆幸，认为这是自己平时刻苦学习所得的回报。然而，在兴奋和自豪之余，他也深知在医学院求学的不易，必须更加用功。他明白，只有长期努力，才能实现自己的目标。最终，约翰不负初衷，以全校第一名的成绩顺利获得学位。”

一位有代表性的女性被试者是这样写的：“安妮在班上有一位男友名叫卡尔，两人之间的感情相当深厚。得知自己考了第一名的消息后，安妮和卡尔都感到不太开心。安妮一直希望卡尔的成绩能超过自己，但没有想到出了意外。因此，从第二学期开始，安妮决定不再全身心投入自己的学业，转而帮助卡尔学习。在校期间，卡尔的学业取得了显著进步。不久后，两人结婚，卡尔继续完成学业，而安妮则选择中途休学，专心料理家务。”

女性对成功的恐惧究竟源于什么？存在主义女性学家西蒙纳•德•波伏娃曾有过一段精彩的论述：“她即使选择了独立，也仍会在自己的生活中给男人和爱情腾出一块地方。”她们可能会担忧，如果全身心投入某项事业，就会错过作为女性的某些命运轨迹。这种感觉虽然常被忽视，但是真实存在。它会削弱已确立的目标，并对其施加限制。在任何情况下，职业女性都希望能把职业成功与纯属女性的成就协调起来。这不仅要求她们花费大量时间装扮自己，更严重的是，还反映出她们的主要兴趣是不一致的。男学者在按部就班工作的同时，还能享受思想的自由驰骋，从而激发出最佳的灵感。而女人的遐想方向则截然不同：她们要考虑个人容貌、男人和爱情，留给学习和职业的时间与精力极为有限。这并非智力低下或思想无法集中的问题，而是两种兴趣难以协调的困境。种种因素都在抑制女性的个人野心，而巨大的社会压力仍迫使她们通过婚姻来谋求社会地位和保护。只要社会上还没有完全实现经济平等，只要社会习俗仍默认女性以妻子或主妇的身份从某些男性的特权中获益，那么她们不劳而获的梦想就会持续存在，进而阻碍她们取得自己的成就。

在西蒙纳•德•波伏娃看来，女性所恐惧的正是外在的成功可能会妨碍她们所认为的“女性命运”。我们的社会对女性成就的价值定位存在断裂：一方面是与男性相同的职业成功，另一方面则是“纯粹的女性成就”，如保持年轻美丽、拥有幸福的家庭、获得男性的喜爱与认可……这两方面的追求往往难以协调，甚至相互对立。只要“干得好不如嫁得好”的社会观念依旧存在，就难免有部分女性产生心理失衡。当单纯的事业成功无法换取“幸福女人的理想”，甚至阻碍或让她们错失“女性特有的命运”时，女性的成就动机就会受到影响，使她们对成功始终抱有一种复杂而微妙的情感。

二、自我关注

由于生理原因，女孩非常关注自己体内发生的一切。相较于男性，她们从一开始便觉得生命更加朦胧和神秘。在我们的文化中，女性的评价往往侧重于相貌，而男性的评价则更多注重才能。“年轻漂亮”常被视为对女性的最高赞誉。然而，法国社会学家让•杜歇指出，当男人赞颂女人是天使的时候，他已经将女人制服了。女性因过分关注自我而不可避免地带有自恋倾向，她们将大量时间和精力投入在仪表和家务上，渴望时刻得到他人的关注。这种过分的自我关注限制了她们的视野和活动范围，使她们更加关注琐事、情感和人际关系。许多女性沉溺于小圈子，满足于相夫教子的生活。家务劳动则使她们局限于重复性和内在性的事务中。女性聚会时的话题多为服装、美容和家庭关系，她们的生活更多地呈现出“内在性”的特点。如果说生活就是人格的表现，同时人格也在生活中形成与发展，那么女性的“内在性”生活无疑影响了她们的“向外拓展”，也导致了人格的萎缩。

自我关注的一个明显表现是女性对年龄的敏感。女性身体的衰老过程更为迅速且显著，周期性的生理变化仿佛时刻在强调她们的“女性身份”，突显她们的脆弱与面临的诸多挑战。青春期后的女性在无形中承受着焦虑与压力，对岁月留下的痕迹尤为在意。

女性在自我关注的同时又非常在意别人的评价，总是通过男人的眼光来反观自己。在我们的文化中，女性之美实际上是以男人的评价为准绳的。例如，女性服装的变化恰恰反映了男性审美观的变化。女性必须通过与他人的联结来找到自我，因此女人是关系的存在。女人的自我界限是模糊的，她对“关系”有不可或缺的需求，尤其需要在爱情、婚姻、子女等亲密关系中消融自我。一旦亲密关系破裂，带来的是整个女性自我世界的倒塌，这也是女性常常在情感世界中扮演受伤者角色的原因。“受伤”成为女性情感世界的一部分，当真实的关系断裂时，她们会用“受伤”来建立一种虚假的情感联结。

从需求层次的角度来看，当基本需求得到满足后，女性对归属与爱的需要更为强烈，而男性则倾向于追求“尊重需要”。根据马斯洛的解释，处于归属与爱的需要层次的人把友爱看得非常可贵，希望能拥有幸福美满的家庭，渴望得到一定社会团体的认同、接受，并与同事建立良好和谐的人际关系；处于尊重需要层次的人希望自己能胜任所担任的工作并有所成就和建树，希望得到他人和社会的高度评价，获得一定的名誉和成绩等。归属与爱的需要决定了心理能量指向内部，注重情感感受，注重身边的人际关系和家庭的和谐（家庭是获得归属感的最重要的场所）。因此，许多女性往上攀登一段之后仍然退回到家庭。而男性的心理能量是指向外部的，注重社会地位的提高，追求成就感，拥有更高的抱负，并展现出强烈的成就动机。有研究表明，当工作中遇到困难和压力时，男性的解决方案多侧重于寻求同事的帮助，从技术上加以提高以更好地胜任工作。而女性则寻求（同事以外的）社会支持，用人际交流的方式缓解工作压力。这体现了男性重视技术，强调个人奋斗，而女性重视关系，强调人际和谐。当然，从心理健康的角度讲，女性的处理方式更利于身心健康，其躯体化症状明显低于男性。

三、性之臣服

性之臣服理论由克拉夫特•伊宾于 1892 年提出。该理论认为，女性一旦与某位男性发生性关系，便会对该男性产生依赖心理，并产生保持忠贞的需求，感觉自己属于他。如果臣服心理达到极端的程度，就会使人完全丧失独立性，甚至情愿为对方牺牲自己的最大利益。为了维护两性关系的稳定和文明的婚姻制度，我们的制度与文化在某种程度上正在鼓励这种性的臣服态度。弗洛伊德同样认为性的臣服具有一定的必要性。西蒙娜•德•波伏娃将女性称为“第二性”。她指出，女性被视为“他者”，男性在征服自然的同时也在征服女性。

性的臣服引发人格自卑，使个体臣服于他人。许多女性甘愿做“第二性”，接受男性的礼让与保护，并自我定位为“弱女子”的角色。在这种弱势与索取的角色中，女性看似以最小的代价换取了最大的收益，但实际上，她们将天下与自我都拱手让给了男性。这虽然减轻了负担，规避了风险，但是削弱了自我成长的动力。进化论的观点指出，女性在两性关系中的被动与顺从，促使女性身体朝着柔弱的方向进化。

女人往往通过顺从性爱来追求幸福，但女人的命运并非完全由男人决定。所有女孩都或多或少怀有“灰姑娘情结”，梦想着能从“白马王子”那里获得幸运与幸福。然而，“干得好不如嫁得好”这一观念，究竟是女孩的幸运还是悲哀呢？有多少女孩能从“白马王子”的梦幻中觉醒，依靠个人奋斗去赢得属于自己的世界？当她目睹其他女性通过男人获得了幸福，她的个人奋斗或许会显得苍白无力，甚至被视为滑稽可笑。面对这样的情境，她还能保持心理平衡吗？还能坚守成为独立女性的信念吗？

四、文化的负累

女性相较于男性，身上有更多的文化禁忌与压抑。这些禁忌与压抑经过长期的文化积淀，已内化为女性的集体无意识，成为女性成长过程中的最大负累。在文化历史悠久的国家，如中国，女性的解放之路尤为艰难。时至今日，成功的女性仍被许多人视为女性群体中的特例，认为她们不能代表传统的女性角色。此外，多数男人难以接受妻子的社会地位超越自己这一事实。

女人的身体被视为障碍和禁锢，受到特定社会文化与传统观念的重压。女人身上有太多的“不该”和“不许”：不应过于主动，不可太过张扬………但当女人抛开“不该”和“不许”，挣脱性别角色的束缚并按本性生活时，她其实是在与整个文化传统相抗争。挣脱文化的枷锁远比打破不公平的制度更为艰难。女孩从小就被灌输要履行女性的角色使命，而我们的教育持续不断地强化着女孩身上的女性气质。当男孩爬树时，女孩往往只能在下面仰视。阿德勒指出，正因如此，女孩从小就容易形成自卑心理。西蒙娜•德•波伏娃曾说：“在女孩子身上，旺盛的生命力受到压抑，无所事事的活动变成了神经质。她们的过于娇气的工作，无法耗尽她们的过于旺盛的精力。”

五、问题与出路

女人不是“生成”的，而是“形成”的。女权主义者指出，女性的历史是一部充满不平等和从属的历史。我们关注的是，这种不平等和从属的历史是如何在女性的认知、情感乃至身体体能上留下痕迹的。这些痕迹不仅影响了女性的个人发展，还深刻地作用于整个人类的进化历程。由于女性长期被边缘化，排除在公共领域之外，她们可能不自觉地成为保守力量，维持现状与传统观念。智力上受压抑的女性很可能把自恋倾向与统治欲强加到孩子身上，通过对孩子的过高期望来弥补自己的失意，进而培养出神经质的后代。因此，解决女性问题，同样也是解决人类问题。值得注意的是，最坚定的传统捍卫者往往来自女性群体内部——那些母亲们，她们极力培养女儿的女性气质，限制女儿成为独立的人或社会性成人。在巴金的作品《家》中，姨太太身为封建礼教的牺牲品，却反过来成为吃人礼教的帮凶，正是她迫使瑞珏外出生产，导致了一个无辜和善良生命的逝去。由此可见，女性解放的最大障碍，在某种程度上，依然来自女性自身。

恩格斯说:“妇女的解放，只有妇女可以大量地、社会规模地参加生产，而家务劳动只占她们极少的工夫的时候，才有可能。”从目前的社会发展态势来看，女性在外界的社会地位与保障方面已取得显著进展，越来越多的妇女开始走出家庭，步入社会。如今，知识女性与职业女性日益增多。女性发展的方向应当从对外界权益的斗争转向对自我发展的关注。因此，我们需要反观自身，冲破女性气质的禁区，成为真正独立、真正具有社会性、真正保持天真本性的女性。真正的妇女解放，不仅要打破外在的枷锁，还要废除自身的禁忌，从内心获得解放。我们没必要像“投石党”和“女狮子党”那样采用过激的方式，但同样也没必要在赴宴之前大吃一顿，在晚宴上拒绝所有的美味佳肴。女性应该是不断成长的人，而不是按固定的女性气质活着的生物。无论是作为独立的女性还是社会性成人，我们都应该积极投身社会领域和公共领域。这不仅能维持现有的世界秩序，还能突破其界限，为新的未来奠定坚实的基础。在父权社会中，部分女性将父权下对妇女的价值标准内化并合理化，进而不自觉地以这些标准来压迫下一代，成为延续两性不平等的帮凶。有些女性为了挣脱家庭的枷锁，极力在男性主导的事业圈中争得一席之地，甚至模仿男性的行为，压制身边的女性，从而延续了男性世界中的不合理现象。

鲁迅先生曾撰写《娜拉走后怎样》一文，对娜拉的命运表达了深深的忧虑，大意是没有经济来源的娜拉无法独立地活下去。我们所关注的是，即便娜拉拥有了生存保障，成为职业女性，甚至是女强人，她内心的归宿又将在何方？

有人批评女权主义者过分夸大职业女性的成就，对她们的心理困扰视而不见。

而反女权主义者则认为，那些追求解放的女性对世界没有任何建树，并且难以实现心理平衡，所谓的成功女性或许比家庭主妇更易陷入心理失衡。西蒙娜·德·波伏娃也指出："只有到女人在地球上开始感觉自如时，罗莎·卢森堡和居里夫人式的人物才会出现。她们雄辩地证明，并非女人的劣等性造成了她们在历史上的无足轻重地位，倒是她们在历史上的无足轻重地位造成了她们注定是劣等的。"人类应该对女性的存在状态进行反思。女人没有固定的女人命运，也没有生来的女性气质。人格不是一个固定模式，而是一个流动变化的不断成长的发展过程。女性的自我成长，首先来自内在的自我觉知，认清自身所处的真实状态及内在的牵绊与制约，进而在自知中扩大意识的疆界，争取内心的自如与自由。

第六章 社会影响

导读

同一个人在不同社会情境中做同样的事情，效果有何不同呢？一位小提琴王子和一位街头艺人的区别在哪儿？

2007年一个寒冷的上午，在华盛顿的地铁站里，一位男子用一把小提琴演奏了6首巴赫的作品，共45分钟。他面前的地上放着一顶口朝上的帽子。然而，无人知晓这位在街头卖艺的人竟是约夏·贝尔，世界上最伟大的音乐家之一。他演奏的是世界上最复杂的作品，用的是一把价值350万美元的小提琴。在约夏·贝尔演奏的45分钟里，大约有2 000人从这个地铁站口经过。演奏了3分钟后，一位显然有音乐修养的中年男子，放慢了脚步，停下来听了一会儿，然后急匆匆地继续赶路了。大约4分钟后，约夏·贝尔收到了他的第一美元。一位女士把钱丢到帽子里，却没有停留，继续往前走。6分钟后，一位小伙子倚靠在墙上听他演奏，然后看看手表，离开了。10分钟后，一个3岁的小男孩停下来，但他妈妈使劲拉扯着他匆匆忙忙地离去，小孩子只能不停地回头看。其他几个小孩也是如此，他们的父母都是硬拉着孩子快步离开。45分钟内，只有6个人停下来听了一会儿，大约20人给了钱就继续赶路。约夏·贝尔共收到了32美元。

要知道，两天前，约夏·贝尔在波士顿的一家剧院演出时，所有门票均已售罄，而观众想要聆听他演奏巴赫的作品，平均需要花费200美元。

其实，约夏·贝尔的演奏是《华盛顿邮报》进行的一项社会实验的一部分。实验结束后，《华盛顿邮报》提出了以下问题。

为什么同样的演出在大剧院和地铁站会有如此大的差别？

我们会在意想不到的情况下认可天才吗？

行色匆匆的人们有多少行为都在受情境的左右和麻痹？

人们到底错过多少真正的好东西?

这个实验让我们重视社会情境对个体的影响。社会影响的来源可以是笼统的情境,如小提琴演奏是在大剧院,还是在地铁站;可以是他人在场的影响,如完成一项任务时有没有旁观者;可以是人对人的直接影响,如我们试图劝导、命令、暗示和感染别人。

社会影响是无处不在的。你以为你的行为完全由自己决定吗?你以为人真的能做到我行我素吗?脱离社会情境的"狼孩""猪孩",算得上完整意义上的人吗?

人是情境性的存在,人的行为本质上都是对特定情境的反应。社会心理学关心社会情境对人的心理和行为的影响,即社会影响。只要身处其中,谁也逃脱不了或隐性或显性的社会影响。面对社会影响,人与人的反应具有个体差异性,同时也遵循一些共同规律。本章,我们将讨论一些主要的社会影响,也叫社会心理效应。

第一节 从 众

当在商店里购物,面对琳琅满目的商品感到无从选择时,我们应该如何应对呢?多数人通常会认为,选择大众口碑好的品牌是最安全有效的方法。有时候,面对原本没打算购买的商品,当看到许多人抢购时,人们也会不由自主地加入购买行列。这种现象屡见不鲜,源于人们的从众心理,即人的观念和行为在群体直接或间接的引导或压力下,会趋向与多数人保持一致。俗语中的"随大流"或"人云亦云"便是对这种从众现象的生动刻画。从众行为看似自愿,至少表面上无人强迫,但在群体中,个体会受到群体压力、群体氛围和相互参照等因素的影响。为了减轻这些压力,保持与多数人一致往往被视为最安全的做法。因此,从众行为往往是在受到社会影响后,个体做出的一种适应性反应。当个体行为与群体情境产生冲突时,个体在日常生活中会调整自我反应,以适应社会环境。

一、从众的概念

从众是指个体在群体影响下改变自己的行为、观点或态度,并与多数人保持一致以适应群体规范或行为模式。这种现象表明,人们有时会放弃自己的独立判断，以顺从周围人的行为或接受其信念，即使这些行为或信念与自己的直觉或知识相悖。

在从众实验研究中，所罗门•阿希于1951年开展的一系列实验最为著名。实验中，参与者需要比较线段的长度，但实验的巧妙之处在于除了真正的参与者外，其余人均为实验者的助手，并被指示给出错误答案。结果显示，许多参与者在某些情境下选择了与多数人一致的错误答案，即便这与自己的判断相悖。

这个实验表明，即使在明显的事实面前，人们也可能因为社会压力而放弃自己的判断，选择与大多数人一致的错误答案。实验揭示了从众心理的强大影响力，并引发了对个体独立性和群体压力之间关系的深入探讨。

二、从众的原因

人为什么要从众？心理学家基斯勒认为，这主要基于以下4种需求和原因。

（1）与大家保持一致，以实现团体目标。

（2）为了获得团体其他成员的好感。

（3）维持和谐的人际关系。

（4）避免因与众不同而感受到群体不同意见带来的压力。

三、从众的作用

1. 获得行为参照

个体总是相信多数人的力量，做出与他人共同的选择，这样能显著提升信任度和安全感。这么多人都这么做，肯定有其道理，即使日后证明错了，也有这么多人一起承担。特别是在难以做出判断的情境中，人们更倾向于参考他人或多数人的做法。例如，去陌生地方找餐馆时，人们通常会选择人多、生意火爆的地方。

2. 克服偏离恐惧

在群体中，个体或少数人若与多数人或群体意见相左，可能会遭受偏见、议论、排斥、孤立和打击等。即使没有这些实际后果，单单是偏离群体这种感觉本身，也足以让人产生恐惧感和焦虑感。因此，很多时候，个体会放弃个人独立见解，做出从众行为。从文化特征上来说，东方文化对偏离恐惧更为敏感，更倾向于从众行为。“枪打出头鸟”便是告诫人们不要偏离群体的古训。然而，这种过度从众乃至圆滑的文化也可能导致国民性格中的某些弱点，如不善表达真实观点、抑制独立思考等。

3. 具有人际适应功能

建立和维持良好的人际关系是人类不可或缺的需要。从众行为通常能够赢得他人的认可，获得群体的接纳，从而避免因与他人不一致而引发的冲突与麻烦。随大流、做好好先生，往往是为了适应人际环境而采取的权宜之计。个体对所处群体的重视程度越高，越容易从众。而在群体中地位较低的人相较于地位较高的人，更容易表现出从众行为。

第二节 依 从

依从与服从有着本质的区别。服从是在权威的直接命令或强制下，被迫做出的选择。而依从则是在感受到他人的期望压力后，接受他人的请求，做出与他人期望相符的行为。

一、依从诱导策略

有朋友想借你的车用一个星期，你觉得半天还行，但一周时间太长了。于是，你会选择拒绝。然而，你的朋友随后又提到，因为家里来了亲戚，住不下，所以希望能在你家住一个星期。你听后感到更加无法接受，便以“对不起，我家也要来亲戚，住不下”为由拒绝了。这时，朋友转而向你提出：“那能不能帮我个小忙，把你的车借给我开一个星期，我到别人家住？”你考虑了一下，觉得这样既能帮到朋友，又不会对自己的生活造成太大影响，于是同意了，把车借给了他。等你的爱车被人开走后，你也许会恍然大悟，原来聪明的朋友早就运用了依从诱导策略。

市场推广和营销人员非常擅长发掘并利用人们的依从心理，同时还运用多种技术性的依从诱导策略。上述事例中的做法也被称为“留面子效应”，其本质是运用了“互惠让步”的心理机制：先提出一个容易被拒绝的高要求，接着退回到一个较为温和的要求（这个要求才是真正目的）。通过从极端要求到温和请求的过渡，可以激发出互惠的让步，转移到接受较低的要求。上述事例中，你最终决定将爱车借给朋友，可能是出于两方面的原因：一是担心再次拒绝会损害友谊，在“潜在损失危机”面前选择让步；二是我们的文化中普遍存在互惠的社会规范，即“谁都有用得着谁的时候”。此外，双方的关系越好，你就越可能因熟悉和喜爱而难以拒绝。

商业中常说的“杀熟”，是否也是利用了这种因熟悉和喜爱而产生的效应呢？

除此之外，依从诱导策略还包括最低要求启动效应和过度理由效应等。

二、最低要求启动效应

聪明的营销人员总是能够同时运用多种策略。研究表明，当募捐者抱着募捐箱接近行人并简单地说明“我们在为某某募捐”时，平均捐款人数约为29%，人均捐款约为7元。然而，当募捐者加上一句“哪怕捐一分钱也是爱心的接力”后，捐款人数上升了50%，人均捐款也达到了10元。这便是最低要求启动策略的效果，一旦人们接受了最低要求，他们往往会陆续答应更多或更高的要求。

三、过度理由效应

研究还发现，若只是简单地提出要求，如因想要插队而与前面的人商量，多数情况下会遭到拒绝。但你说：“对不起，我可以先办这项业务吗？只需要2分钟，因为我有急事！”这时成功的可能性就会大大提高。需要注意的是，你给出的理由越具体、越充分，对方满足要求的可能性就越大。这是因为人们在决定是否依从时需要理由的补充和解释，这便是过度理由效应。

第三节 服 从

1960年，纳粹头子阿道夫·艾希曼因负责德国屠杀犹太人的行动而被称作“死刑执行者”，他被捕后在耶路撒冷接受审判并被判处死刑。人们往往想象这位纳粹头子必定是十恶不赦、面目狰狞的人，但有记者发现，阿道夫·艾希曼在辩护时声称：“我只是服从命令而已。”这种态度引发了心理学家的思考：那些刽子手是本性凶残，还是仅仅因服从命令而行为恶劣？如果换作他人处于同样的命令之下，是否会做出同样的行为？服从究竟意味着什么？人们是否都具有服从的天性？人们在哪些情境下更容易服从？又有哪些人会选择拒绝服从呢？我们从米尔格拉姆的服从实验中或许能得到一些答案。

耶鲁大学的米尔格拉姆以每小时4美元的报酬招募了40名参与者，让他们在实验中扮演教师的角色。这些“教师”被要求在“学生”答错问题时按下电钮，对

“学生”实施电击，并且答错次数越多，电击强度越大。当然，这里的“学生”是由他人假扮的，并不会真正受到电击，只是在“教师”按下电钮时发出模拟的痛苦声音。每当“学生”多犯一个错误，电击电压便增加 15 伏，直至达到 450 伏。值得注意的是，150 伏以上的电击电压已经相当强烈，足以让受电击者感到极度痛苦，甚至面临生命危险。

在实验过程中，“教师”被不断要求实施电击并加大电击电压。如果“教师”拒绝执行，研究者就会持续鼓励或命令他们：“请继续下去，不会有事的。”“按我说的做。”“你没有选择，必须继续下去。”在这种情况下，40 名“教师”中有 26 名一直将电击电压加到了最大。

后人曾模仿该实验，对小狗实施电击。面对小狗的惨叫，竟有 50% 的参与者坚持完成了实验。令人惊讶的是，参与实验的女性 100% 服从命令，对小狗进行了电击。对于这一结果，人们更倾向于认为女性更具服从性，而非冷酷无情。

这项实验揭示了人类心理中易于服从的阴暗面。在实验过程中，许多被试者认为自己既然已接受报酬，就应该遵从实验人员的指令行事。当电击强度达到一定程度时，被试者会担忧隔壁受试者的生命安全，并考虑这一行为的后果。他们会向实验员询问：此次实验的后果将由谁承担？而实验员会坚定地告诉他们：“一切后果由我承担，你不用担心。”于是，被试者便不断加大电击电压。

当然，也有人尝试过反抗，但在实验人员发出更严厉的命令后，他们最终还是选择了继续执行电击。在这个过程中，被试者会逐渐对隔壁传来的痛苦声音变得麻木不仁。当电击电压达到 225 伏时，他们还会犹豫是否要将电击电压增大到 250 伏，认为再增加一点也无妨。

这项实验的实施时间正是阿道夫•艾希曼被执行死刑一年后。米尔格拉姆意在表明，像阿道夫•艾希曼这样的纳粹分子之所以屠杀犹太人，可能并非出于本性的残忍，而仅仅是出于对上级命令的单纯服从（当然，这并不能成为刽子手逃脱罪名的借口）。米尔格拉姆得出的结论是，即便是有道德、有良知、有个人判断力的成年人，在面对权力者下达的命令时，也会尽可能地服从和执行，即便他们会面临道德的谴责和情感的压力。在命令的压力下，有人真服从，即从心理上认可、情感上接受，并在行为上执行；还有人半服从或假服从，即虽然在行为上执行，但是内心并不认可。

米尔格拉姆还将这次实验拍成了纪录片，名字就叫《服从》。该纪录片引起了强烈的反响。人们不禁要问：是不是每个人在特定情景下都可能成为纳粹？此外，在体制设计上，一项任务从规划到下达，再到最终执行，这一链条上的各个环节往往由不同的人负责。下达屠杀命令的决策者会说：“我只是传达了计划和命令，并未直接动手杀人。”而执行屠杀命令的士兵则辩解：“我不得不听从命令。”双方都以这种方式减轻了自己的责任，消除了罪恶感。这种决策与执行之间的分离，是否更容易让人在服从的借口下变得更为麻木和冷酷？在战争期间或非常事件中，此类盲目效忠、无条件地服从命令，以致丧失人性和理智的现象并不罕见。

第四节 偏离和独立

从众、依从和服从都是个体受他人或群体影响做出的迎合性和适应性行为，并且所受的压力程度依次递增。但总有人敢冒天下之大不韪，他们克服从众心理，拒绝依从，更绝不服从，竭力摆脱社会影响。我们将这些反向行为称为偏离与独立。

在社会心理学中，偏离和独立是描述个体在社会影响下行为和决策的两个重要概念。

一、偏离

偏离指的是个体的行为、信念或价值观与社会规范、群体标准或普遍接受的行为模式不一致的现象。社会规范是社会成员普遍认可的行为准则，而偏离行为则是违反这些准则的行为。偏离可以是有意的，也可以是无意的，但都是个体表达个性、挑战权威或寻求变革的方式。社会对偏离行为的反应可能包括惩罚、排斥或标签化，这取决于偏离行为的性质和社会对这种行为的容忍度。

二、独立

独立是指个体在面对社会影响时，能够坚持自己的判断和选择，不随波逐流。独立性体现在个体的自主思考能力、对行为负责的态度，以及在必要时抵抗外部压力，确保个人观点与行为不受外界左右。

在社会影响下，个体可能会遭遇从众压力，进而偏离其真实的想法和感受。与此同时，社会也倡导个体展现独立性，以此促进创新与个性发展。社会心理学家致力于研究偏离与独立的行为模式，旨在理解个体如何在社会互动中维护自我认同，并在社会规范与个人信念间寻求平衡。

历史上众多伟人，以及那些走在时代前沿、引领新思想潮流、推动社会变革的先驱，无不特立独行。许多人因偏离常规而付出了代价。从某种程度上讲，如果没有偏离和独立的人，就没有变革和进步。

偏离和独立是基于人的逆反心理，如青春期的孩子以反抗父母要求的方式来证明自己长大了。诚然，逆反心理可以解释部分有意识偏离与保持独立的行为，但这并非全部原因。那些坚守真理、不愿附和他人的人，未必是出于对群体的逆反，更多的是源于对自己见解的自信与对真理的执着。是否有勇气、有能力做出独立判断和抉择，说到底与个体的个性特质有关。这些人格因素包括个体的自信心、自尊心、表现欲、独立性、抗打击性及群体成员对其认可度等。

第五节　暗　示

赵本山的系列作品《卖拐》和《卖车》堪称经典，每次观看都让人忍俊不禁，同时也引人深思。作品中，一个原本好好的人，怎么就被忽悠得瘸了？出了几个脑筋急转弯，怎么就让人坐上轮椅了？其实，“大忽悠”的招数主要就是利用了心理暗示法。

你也可以尝试设计一个恶作剧来验证暗示的力量。例如，找两三个朋友串通好，然后再选择一个“倒霉蛋”。当在非正式场合遇到他时，你们中的第一个人可以假装既无意又惊讶地说：“呀！你脸色不好，不舒服吗？”他可能会莫名其妙地回答：“没有啊。”接着，第二个人再遇到他，同样惊讶地说：“你是不是病了？怎么脸色这么难看呢？”这时，那个“倒霉蛋”心里可能开始自我怀疑，赶紧去照镜子，一边观察自己，一边觉得确实有些不对劲。随后，第三个人继续问他是否不舒服，他可能会说：“是的，你是不是也看我脸色不好？我看到自己脸色发黄，可能是这几天没睡好。”如此这般，一般人在经过几次这样的暗示后，都可能被“忽悠”，觉得自己真的生病了。他会顺着别人暗示的信息去寻找自己的不舒服，并且真的感觉到某些症状。到了第五次被问时，他或许会去看医生，向医生诉说自己最近睡不好，脸色难看，还感觉头晕……

暗示是一种通过间接、含蓄的方式对他人的行为和思想产生影响的方法。在无对抗的条件下，受暗示者会迅速且不加批判地接受某种信息，并据此做出相应的行为反应。暗示的结果往往是使他人不自觉地遵循一定的方式行事，或无条件地接受某种观念和建议。暗示效果分为积极暗示和消极暗示两种。有经验的医生深知“安慰剂”效应，即给予病人积极的暗示，往往能达到意想不到的良好疗效。根据来源，暗示还可进一步分为他人暗示和自我暗示。

一位电工在工作时总是担心自己会触电身亡。虽然各种保险设施都已完备，但是他仍然惶恐不安。有一次修电时，他无意中触碰到一根电线，随即倒地并表现出触电的症状：肌肉颤动、皮肤发红，最终不幸身亡。然而，经检查发现，那根电线其实是废弃的，根本不带电，他的死亡完全是消极自我暗示导致的。

神秘的催眠术之所以能让人进入催眠状态，正是利用了人的受暗示性。有近三分之一的人能进入深度催眠状态，显示出他们极易受暗示；另有三分之一的人受暗示性一般，只能达到浅度催眠；剩下的三分之一则难以被催眠，表明他们的受暗示性较弱，反暗示性较强。

积极心理学鼓励人们有意识地多给自己积极的暗示，并建议与“能量高”“格局大”的人多交流，以获取他们的积极暗示。这些做法和建议旨在提升内心的积极因素和正面能量，不仅有助于维护心理健康，还能挖掘人的动力资源，调整内心感受，使人更容易获得成功。

第六节　模　仿

模仿既是一种行为方式，又是一种重要的学习机制。人类的很多知识和行为都是通过模仿来获得的。儿童的大部分行为都源于模仿的过程，班杜拉将其称为观察学习。模仿是达到熟练、形成习惯及进行学习的基础方式之一。儿童最初的知识和经验大多是从模仿中得来的，他们从简单的模仿开始，逐渐过渡到复杂的模仿，最终走向自我创造。

在模仿过程中，模仿者通常是主动的、有意识的、自觉的，并不受外界他人的直接控制。而被模仿者则往往处于无意识状态，但在特殊情况下，他们可能会做出某些行为来有意识地引导他人模仿。例如，父母在孩子面前展示出遵守规则的行为，以便孩子观察学习，从而达到良好的教育效果。模仿一般遵循着“自上而下”的规律，即地位较低的人倾向于模仿地位较高的人，缺乏影响力的人倾向于模仿权威人物，普通百姓则倾向于模仿著名的公众人物。

不仅儿童的学习是通过模仿进行的，成人也会有意无意地进行模仿。当注意到喜爱的明星或公众人物的衣着打扮、言谈举止时，我们常常会忍不住想要效仿，如穿上同样款式的服装，模仿同样的表情。例如，看了《少林寺》后，很多人会模仿武僧的武打动作。但需要注意的是，模仿只能模仿他人的外显行为，而无法模仿其内隐心理。因此，如果模仿不当，就可能显得不伦不类，如同东施效颦一般。

第七节　感　染

参与游行时，每个人都会情绪激动，群情振奋；聆听一个动人的故事，人们往往感动得热泪盈眶；参加朋友的婚礼，人们也会被喜庆的气氛所感染，脸上露出笑容；天气阴沉会让人心情郁闷；看到美景，人们会被其感染，不禁吟诵起“飞流直下三千尺”的诗句；阅读文学作品时，文字的力量也会感染人，使读者随着主人公的情绪起伏而变化；听课时，如果周围的人都显得无精打采，你就会被他们的情绪所感染，同样变得无精打采……

社会影响不仅体现在对人的行为层面和认知层面的影响，还深刻地影响着人的情绪。情绪传递的渠道能够引起他人情绪的共鸣，进而促成相同的情绪和行为反应，这一过程被称为感染。感染指的是情绪、行为或观念在特定人群中传播和扩散的过程。这种传播通常是通过观察、模仿或直接的社会互动来实现的。感染可以在个体之间或群体之间发生，充分反映了社会互动在塑造个体行为和情绪状态方面的强大力量。

社会感染的类型包括情绪感染、行为感染和观念感染。

一、情绪感染

情绪感染是指情绪状态从一个个体向另一个个体传递的现象。例如，一个人的快乐、焦虑或愤怒等情绪可以通过非言语线索（如面部表情、语调、身体语言等）传递给周围的人，引发他们产生相似的情绪反应。

二、行为感染

行为感染是指特定行为模式在人群中的传播。例如，流行的时尚趋势、新兴的社交媒体行为或者抗议活动中的特定行为举止等都可能通过感染的方式在人群中传播开来。

三、观念感染

观念感染涉及思想、信念或观点的传播。通过社会互动，人们可能会接受并传播新的观念或信息，而这些观念或信息可能会影响人们的态度和行为。

总之，感染在社会行为的形成和发展中起着关键作用。感染可以解释流行文化的兴起、社会运动的扩散、恐慌情绪的蔓延等现象。了解社会感染的机制有助于我们理解社会行为的动态变化，并指导我们在公共安全、社会治理和社会政策等领域有效地调控和引导社会情绪及行为。

第八节　社会促进与社会懈怠

心理学家特里普利特曾召集了 40 名小孩，将他们分为 2 人一组和单人一组，并要求他们各自完成在卷轴上画线的任务。结果显示，2 人一组的小孩完成任务的速度明显快于单人一组。当个体处在他人在场的情境下，其任务绩效得到提高的现象被称为社会促进。

社会促进的实质反映了他人在场时对个体活动产生的积极影响。很多时候，他人在场能够激活活动者，激发其优势反应，从而提高活动速度和质量。例如，在运动会短跑项目中，现场的热烈氛围、啦啦队的加油声和队友的鼓励，都能促使运动员取得更好的成绩。在体育赛事中经常被提及的“主场优势”，实质上就是社会促进效应的体现。

然而，他人在场的作用并不全是促进，有时反而成为一种干扰和责任分散。俗语说“三个和尚没水喝”，便是对此现象的生动描述，这被称为社会懈怠。早就有人发现，当有人落水时，围观者越多，反而越无人施救。这是因为每个人都认为他人有责任，都在等待别人的行动。此外，在完成难度较大或需要深度思考的工作时，如撰写研究报告时，他人在场反而是一种干扰。

如何有效利用他人在场效应，发挥其积极作用，是众多管理者深思的问题。许多公司倾向于采用公开性的集体办公室设计，如员工之间仅用透明隔板相对隔离。这种做法旨在最大限度地营造群体氛围，让员工时刻感受到“别人在看着我，我要好好干”的压力，从而激励员工，提升工作效率。

第九节　群体决策中的心理效应

群体决策广泛运用于社会生活的各个方面，保证了决策的科学性和民主性，但同时也引发了群体思维、群体极化、风险转移等问题。

一、群体思维

群体思维是指高内聚力的群体认为他们的决策一定没有错误，为了维持群体表面上的一致，所有成员都倾向于坚定地支持群体的决定，而忽视与之不符的其他可行方案。根据詹尼斯的理论，群体思维产生的原因包括群体成员间的高度凝聚力和群体规则。为了防止群体思维导致的偏差，詹尼斯提出了以下10种具体操作方法。

（1）使群体成员懂得群体思维现象、原因及后果。

（2）领导者应当保持公正，不要偏向任何立场。

（3）领导者应引导每位成员对提出的意见进行批判性评价，鼓励提出反对意见和质疑。

（4）设置一个“魔鬼代言人”，专门负责提出反对意见。

（5）将群体分成小组，并让他们分组讨论，然后再重组在一起讨论分歧。

（6）如果问题涉及与对手群体的关系，就应花时间充分研究一切警告性信息，并预测对方可能采取的行动。

（7）形成预备决定后，应召开“第二次机会”会议，并要求每个成员提出自己的疑问。

（8）在决议达成前，请群体之外的专家参会并对群体意见提出挑战。

（9）每个群体成员应该与可信赖的外部人士就群体意向交换意见，并将反馈带回群体。

（10）组建多个独立小组，同时就相关问题进行决议，最终决议在此基础上形成，以规避群体思维的不良影响。

二、群体极化

在群体中，群体极化理论预言了一种现象：冒险者可能变得更加敢于冒险，顽固者可能更加固守己见，而乐于助人者可能更加倾向于慷慨助人。

群体极化是指在群体讨论的过程中，群体成员原先就持有的倾向性会得到增强。具体而言，群体原先支持的意见在讨论后会得到更多成员的支持，而群体原先反对的意见在讨论后会得到更多成员的反对，从而导致原本就存在的意见分歧进一步扩大。

关于群体极化的原因，有两种解释：一是社会比较促进了群体极化，二是争论与说服互动推动了群体极化。

（一）社会比较促进了群体极化

根据社会比较理论，人们希望通过比较他人的观点与自己的观点来评价自己的观点和能力。个体在选择自己的观点之前，会优先考虑其他人的看法和群体的取向。为了与群体保持一致，大多数人不仅会选择与他人相同的观点，还会更加坚定地表达自己的观点。这样，个人既能表现出对群体价值观的认同，又能彰显自己作为积极思考者的形象。

（二）争论与说服互动推动了群体极化

在讨论的过程中，当某些成员坚持不同意见时，便会出现争论，随后便是对这些成员的说服过程。随着争论与说服的不断升级，越来越多的成员开始倾向于支持大多数成员的意见，这进一步加强了对原本还可能被怀疑意见的支持。最终，成员们普遍形成了共识，认为只有坚持这一意见才是正确的，从而推动了群体极化现象的产生。

三、风险转移

人们在独自决策时，倾向于选择成功可能性较大的保守行为，而较少愿意冒风险。然而，当决策改为群体共同进行时，最终的决定往往比个人决策更具冒险性。这种现象被称为风险转移。

造成风险转移现象的原因主要包括以下几个方面。

（1）个人假设群体鼓励富有冒险性的见解。由于群体决策情境为评价情境，个人需要提出一个能赢得群体其他成员赞赏的选择。

（2）责任分散。群体的背景会削弱个人的责任意识，导致个人倾向于将责任归咎于他人，即出现“甩锅”的现象。

（3）某些评价导向过度鼓励创新和变革，使人们将冒险与敢于创新联系在一起，从而更倾向于做出风险决策。

群体思维、群体极化和风险转移是群体决策中普遍存在的现象，也是导致群体决策偏颇的重要原因。这些社会心理效应提醒我们，要实现决策的民主性、科学性和准确性，除了完善外在制度和程序外，还需考虑群体对个体的影响、群体成员间的相互作用，以及个体的心理和行为在社会情境中可能发生的微妙变化。

第七章　集群行为

导　读

社会绝非简单的个人集聚，正如社会不是个体数量的简单相加一样，社会的精神生活也不是个人思想与情感的简单相加，而是交往与互动的产物。在不同的社会条件下，人的行为不仅具有不同的表现形式和特征，还具有不同的行为逻辑与发展脉络。在常规环境中，人们可以较好地接受社会规范的制约，维护既有的社会秩序。但在某些特殊社会环境条件的影响下，人们的行为可能会偏离常规，甚至突破既定的社会规范。特别是在特定的群体环境中，往往容易引发形式多样、激烈程度不一的群体行为。在群体行为从规范性、组织性到无序、自发的连续变化中，存在着多种类型和表现形式。本章将介绍集群行为与大众行为在社会生活中的具体体现。

第一节　集群行为概述

为了更好地理解集群行为，我们可以试想以下各种情境。

（1）在容纳几百人的影院中，人们正全神贯注地观看影片，突然有人大喊：“着火啦！”这时，你和周围的人会怎么做呢？你是会像电影散场时那样排队有序地离开，还是……

（2）拍卖行内，人们为争夺一件传说中的宝物而疯狂叫喊、竞价……

（3）世界杯赛场上，球迷们尖叫、呐喊、疯狂，表现出极度的兴奋。这种兴奋之情一直延续到比赛结束……

（4）你还记得电影《泰坦尼克号》中游轮沉没时的震撼场景吗？你能否理解那些人在危难中的行为？

以上场景是否似曾相识？是的，这些行为不常发生，但总会出现。通常情况下，人的行为是受到社会规范制约的，表现出合乎理性的特征。每个人都清楚自己的行为准则，并对自己的行为有基本的约束和自控。例如，排队购物、按部就班地工作、日常聚会，这些都是我们认为理所当然的正常社会活动，因此被称为日常行为。然而，在很多时候，尤其是在人群聚集在一起或存在某种普遍情绪与观念的情况下，人们的行为会冲破日常规范的约束，抛开道德、法律和理性，展现出一种不受常规行为规范指导的、自发的、无组织的、无结构的且难以预测的群体行为方式，我们称之为集群行为。

集群行为在心理学上指的是一群人在特定情境下共同参与、未经组织的行为模式。这种行为通常是对某一事件或情境的自发反应，表现出一定的共同情绪和行为倾向。集群行为具有非组织性、自发性、情绪性和暂时性，与日常生活中的规范化、制度化行为形成鲜明对比。

集群行为的形式多样，如暴乱、恐慌、狂热、时尚、流言、谣言及各种社会运动。例如，人们成群结队地涌向银行进行挤兑，部分人群中兴起的一时狂热，群体性的发财梦想，同仇敌忾却无组织的示威，服饰的流行趋势，某些极端的民族主义运动和宗教改革等，本质上都属于集群行为的范畴。

一、集群行为的特点

根据众多集群行为的表现，我们可以概括出以下几个普遍的行为特征。

（一）自发性

集群行为并不是事先计划好的，往往是一群人在某种场合下受到某种刺激而产生的临时行为。这些行为缺乏周密的计划和严密的组织，发生过程中也没有明确的领导者，呈现出突发性和混乱性的特点。

（二）情绪化

集群行为的参与者通常是在激情的驱使下加入活动，并做出与他人一致的行为。整个过程往往伴随着情绪的高涨和波动，主要以狂热、慌乱、愤慨等负面的激动情绪为主。在这个过程中,人与人之间的情绪相互感染,导致情绪被夸大,变得不稳定。例如,一个人表达的是愤怒,而一群人的情绪传播就成了出离愤怒。因此,参与集群行为的人很容易失去理智,无法控制自身的行为。

(三)盲目性和从众性

在集群行为刚刚开始的时候,很多人并不清楚集群行为的目的、性质和后果,只是受到周围人的影响而盲目参与其中,带有很强的从众性。受到情绪化的感染,人们更容易接受群体的暗示,从而吸引更多具有相同情绪的人参与其中。整个过程中,个体失去了独立判断和思考的能力,转化为群体的一分子,其行为和思想上均呈现出盲目从众的特点。

(四)行为的越轨性和后果的难以预料性

由于集群行为的参与者容易失去理性,失去对行为的控制,因此他们往往不遵守正常的社会规范,产生越轨行为,干扰并破坏社会秩序,甚至引发打砸抢烧等暴力事件。集群行为多属于非常规行为,与正常社会环境中的行为在过程、结构和发展规律上均有所不同。因此,集群行为的后果往往难以预料,经常导致失控且出人意料的局面。

(五)力量性

人数众多且情绪化的反应使得集群行为蕴含着巨大的能量。而集群行为所展现的力量往往涉及威胁、阴谋、破坏等非正常、非正当的方面,因此集群行为的预防、疏导和控制成为社会关注的焦点。在特定的历史条件下,集群行为也可能转化为推动社会变革的建设性力量。例如,法国大革命期间的"攻占巴士底狱"事件,起初便带有明显的集群行为特征。但随着革命的发展,由农民、无产者、流浪者等汇聚而成的群众在革命者的指导与引领下,逐渐形成了革命力量,并作为揭开大革命序幕的历史性事件而被载入史册。

二、集群行为的心理机制与产生条件

人们为何要参与集群行为?哪些情况容易引发集群行为?原因就在于集群行为中的个体往往对某个群体有强烈的认同感,这种认同感可以是基于共同的目标、信仰或价值观。在集群行为中,个体的情绪容易受到周围人的影响,从而产生情绪的共鸣和放大效应。例如，一个人的愤怒可能迅速传播给周围的人，导致整个群体的情绪高涨。同时在群体中，个体可能会感到自己的匿名性，这种去个体化的状态使得人们更容易放弃个人责任感，更容易遵循群体的行为规范。

（一）去个性化

去个性化是指个体在参与群体活动时，感觉被群体所淹没，从而丧失了对自我的控制，失去了原有的个性和对自己身份特征的感知。

（二）日常规范的失效

集群行为是在不确定环境中形成的一种扭曲的行为模式，其制度化程度较低。因此，集群行为更常见于紧急状况中。在正常航行的轮船上，每个人都知道做什么。但当轮船面临沉没危机时，大多数人（除少数专业人士外）对下一步的情况一无所知，也不知如何应对，于是只能依靠本能或从众心理求生。这往往导致混乱，而混乱又会进一步加剧人们的恐慌情绪。

在任何环境或场合下，只要一群人失去了必要的行为规范，就有可能导致集群行为。例如，在失火的影剧院里或是突然遭受袭击的人群中，由于人们未曾预料到此类事件，缺乏明确的行为规范来指导行动，只能通过临时判断和接受他人暗示来调整自己的行为。因此，在这种缺乏规范引导的情况下，集群行为极易产生。

部分集群行为的产生需要特定的环境场所，反过来说，某些特殊场合也便于激发人们对某种普遍刺激的自发反应，从而引发集群行为。这类环境场所的主要特征是便于人们面对面地进行互动，如广场、体育馆、大厅等。除了空间条件外，时间也是影响集群行为的关键环境因素之一。

（三）社会控制机制的解体

社会控制机制的解体是促成集群行为的重要社会条件。由于许多集群行为对现存制度构成威胁，因此维护该制度的国家机器会竭力阻止这类行为的发生。然而，在社会控制机制削弱并面临崩溃之际，集群行为的产生便有了有利条件。此外，参与集群行为的人往往持有共同信念，即认为通过集群的力量能够重建或恢复正常的社会秩序。

（四）相对剥夺

在现实生活中，人们通常依据周围其他群体或个人状况来判断自己所处的社会地位和生活境遇。当人们将自己的状况与参照群体相比并发现自己处于劣势地位时，就容易产生相对剥夺感。特别是在经历了长期的不断上升的满足和期望之后，如果出现突然的倒退，这种相对剥夺感的作用就会更加明显，因为人们已经习惯了期待更多的东西。观察当今的社会现状发现，各种社会矛盾和社会心态的失衡，都与人们普遍感受到的相对剥夺感密切相关。19世纪法国思想家克尔维指出，对一个政府来说，最危险的时刻通常是它开始改革的时候。当某些流弊被消除时，人们似乎更容易察觉到其他尚存的问题，因此情绪反应更为激烈。虽然痛苦已经有所减轻，但是他们的感知变得更加敏锐。

马克思对相对剥夺状况有过形象的描述："一座房子不管怎样小，在周围的房屋都是这样小的时候，它是能满足社会对住房的一切要求的。但是，一旦在这座小房子近旁耸立起一座宫殿，这座小房子就缩成茅舍模样了……不管小房子的规模怎样随着文明的进步而扩大起来，只要近旁的宫殿以同样的或更大的程度扩大起来，那座较小房子的居住者就会在那四壁之内越发觉得不舒适，越发不满意，越发感到受压抑。"

20世纪70年代，社会心理学家格尔通过对个人的价值期望与社会的价值能力之间关系的分析，将相对剥夺感划分为三种类型。

1. **递减型相对剥夺感**

递减型相对剥夺感是指在人们的期望没有发生明显变化的情况下，由社会的价值能力大幅下降引起的相对剥夺感。

2. **欲望型相对剥夺感**

欲望型相对剥夺感是指当社会提供的价值总量没有变化，但人们的期望值变强时产生的相对剥夺感。

3. **发展型相对剥夺感**

发展型相对剥夺感指的是当一个社会的价值能力和人们的期望价值都在提高时，由于某些原因，社会的价值能力突然跌落，就会导致价值期望和价值能力之间的落差急剧扩大，从而引发相对剥夺感。由于价值能力的突然跌落，形成了"J"状曲线，因此发展型相对剥夺感也被称为"J"状曲线型相对剥夺感。相比之下，"J"状曲线型相对剥夺感是集群行为产生的一个更为强烈的激发因素。

（五）权力斗争

一些策划者为达到某种政治目的，常常会把集群行为作为一种政治策略，这是某些集群行为，尤其是以集体暴力为主要形式的集群行为产生的政治条件。众所周知，很多表面上的“群众意愿”“民主、人权”口号背后，往往隐藏着某些政治势力的操纵或鼓动。

当集群行为变得统一且持久，或得到制度化、理论化的支撑时，就会演化为社会运动。例如，现代劳工运动起初只是工人因不甘压迫而自发组织的抗议、游行活动，后来在政党的领导下，通过理论武装，建立起工人阶级的组织，最终推翻了旧社会，建立了新政权。

三、集群行为理论

集群行为理论力图说明个体行为怎样转化成集群行为，并且表现出与个体行为不同的特点。在诸多解释中，比较有说服力的理论有感染论、价值累加论、理性选择论等。

（一）感染论

感染论最早由古斯塔夫•勒庞提出。他认为，当个体身处群体之中时，会以与独处时截然不同的方式去感知、思考和行动。个人在集群中会感到有一种不可克服的力量使自己屈服于本能。

克特•朗和格莱迪斯•朗等人在古斯塔夫•勒庞理论的基础上发展出了另一种形式的感染论——循环反应论。该理论认为，集群行为是人与人之间情绪循环反应、相互感染的结果。这是一个由别人的情绪在自己身上引起同样情绪的过程，而这种情绪反过来又会加剧别人的情绪。具体来说，集群行为的产生经历了以下几个阶段。

（1）一群人聚集在一起，他们之间能够直接互动，但无法辨认彼此的社会地位和角色。

（2）这群人受到一定的心理刺激后，情绪上开始相互感染，使所有参与者的情绪达到某个共同点。

（3）个人会感到自己被群体所淹没，成为角色和身份不明的人，从而产生社会约束力减弱或消除的效果。这时，正常的社会行为规范和准则对其行为无法产生任何效果。

（4）高涨的情绪最终爆发出来，导致集群行为的发生。

（二）价值累加论

斯梅尔塞提出的价值累加论来自经济学。该理论假定集群行为的产生有一个确定的模式，并把集群行为发展的每一个阶段理解为价值追加的过程，而集群行为就是这个过程的最终产品。价值累加的过程包含以下几个环节。

（1）结构性助长，即存在有利于集群行为产生的社会环境或结构条件，这是集群行为产生的背景因素。

（2）结构性压力是指某些社会因素（如经济危机、贫困、就业歧视等）给人们心理带来的压力，这些压力促使人们自发采取集群行为去解决面临的问题。

（3）普遍信念的形成或共同情绪的产生，即人们对自身处境和所面临的问题形成了统一的看法，拥有共同的感受，并产生了相似的普遍情绪。

（4）诱发因素。集群行为的产生往往需要一根导火索，通常是某个敏感事件或某种戏剧化情形的出现。

（5）行动动员。在上述条件已经具备的情况下，如果群体中的煽动者出面进行鼓动、宣传，提出某种口号或行为规范，就可能使原本无组织的群体产生集群行为。

（6）社会控制机制。集群行为最终能否产生还取决于社会控制机制的效果。如果社会控制力强大且有效，就会有效纾解人们的紧张和不安，阻止集群行为的产生。反之，集群行为的爆发就会不可避免。

（三）理性选择论

科尔曼的理性选择论认为，集群行为是个人在群体环境中做出的一种理性选择的结果。该理论指出，人们的一切社会行动都是为了追求效益的最大化，不仅限于经济效益，还包括社会、文化、情感和道德等多方面的目标。为了效益最大化，人们必须理性地权衡影响社会行动的各种因素。在正常情况下，每个行动者都能控制自己的行动，但在集群行为中，他们将自身行动的控制权转让给他人。这种转让并非一时冲动，而是基于行动者理性判断的结果，取决于他们对转让后果及其利益的评估。换言之，个体在群体环境中认为，放弃个人行动控制权并与多数人保持一致，是当下的最佳选择。设想一个人身处情绪激动的人群中，如果表现得冷静克制，就可能被视为冷漠、麻木，与周围环境格格不入，从而面临情感压力和道德指责。这时，他可能会做出理性选择，放弃行动控制权，同时也放弃对自己行为的责任感，以保持与群体的一致性。然而，转让行动控制权并不一定导致集群行为，关键在于最初接受控制权转让的行动者所采取的行动。如果他无法解决问题或控制局势，集群行为就会发生。

第二节　大众行为

集群行为除了发生在能够面对面进行直接互动的群体中之外，还可以发生在广泛分散的人群——大众之中。大众行为与群体性行为虽然在表现形式上有所不同，但是都在不同程度上具备了集群行为的基本特征，如时尚、恐慌，以及通过信息传播方式表现出来的流行与谣言等。

一、流行时尚

时尚是在大众内部出现的一种非常规的行为方式的流行现象。具体来说，时尚是指一个时期内相当多的人对特定的趣味、语言、思想和行为等各种模型或标本的随从和追求。时尚的传播、普及和发展所依靠的主要手段和过程是流行。时尚已经成为现代社会的重要内容。时尚是社会的产物，也反映出社会的物质条件、价值取向和社会成员的精神面貌。唐朝时期，人们装扮得雍容华贵，服饰宽大且精美；到了宋代，人们追求清雅，着装简约雅致。时尚传播不仅是商业行为，还承载着文化价值和意识形态。时尚传播可以弘扬主流价值文化，构建科学的时尚价值观，推动社会健康发展。

（一）流行时尚的社会条件

1. 物质生活条件丰裕或相对丰裕

经济基础决定上层建筑，物质条件影响精神追求。物质生活窘迫时，消费者往往无心他顾，对他们而言，解决温饱比追求时尚更为迫切，这是人间第一号天性。当物质生活变得丰裕，至少解决了温饱问题后，人们追求美的天性便暴露出来，开始追求流行的行为模式。而时尚之所以能流行，必须依托于某种物质形式。

2. 大众相对闲暇

在生产力相对低下的工业革命以前，一部分人的富裕与闲暇是以大多数人的贫困与忙碌为代价的。直至20世纪末，正如凡勃伦所言，闲暇始终是社会上层，即“有闲阶级”的垄断物。历经多次历史斗争，闲暇才逐渐成为普通民众的基本权利。只有有了闲暇时间，民众才能从繁重的工作中解脱，得以投入更多精力去关注流行趋势，花更多时间去消费，去追赶潮流。

自我国实施“五一”“十一”小长假制度以来，全国范围内兴起了旅游热与休闲热，带动了“假日经济”与“休闲经济”的发展。假期外出旅游成为人们追捧的时尚生活方式。随着生活水平的提升和大众闲暇时间的增多，人们对闲暇消费的需求不断提质升级。近年来，许多地区将发展旅游业与乡村振兴相结合，开发了农家游、深度游、体验游等新潮休闲方式。北京冬奥会的成功举办更是掀起了“冰雪热”，使冰雪项目成为时髦的运动选择。而这些时尚潮流为一些城市发展“冰雪经济”提供了新机遇，从而使时尚与社会发展之间形成了良性互动。

3. 大众媒体传播

在时尚流行的客观条件中，除了富裕和闲暇外，大众传播媒介（尤其是电子媒介）的发达程度与各种时尚的兴起与流行密切相关。一方面，有些传播媒介，尤其是电子媒介，如收音机、电视机、手机及其衍生的电子游戏机、音响设备、随身听等，本身就是时尚物品。这些物品的出现和普及促成了相应时尚的兴起。另一方面，大众传播媒介在现代社会中的普及，为各种时髦行为方式的创造和推广提供了可能。以前，新潮款式的流行需要时间和过程，而现在借助电视直播、网络媒体等渠道，世界上的人能第一时间同步见证最新的流行趋势。大众传播媒介加快了特定时尚在社会中的普及速度，同时也缩短了时尚的生命周期。

进入自媒体时代，普通大众不再仅仅是时尚的追随者，每个人都有机会成为时尚的引领者和创造者。2023 年冬季，突然走红的军大衣和花棉袄，便是大学生群体作为自媒体主力军，发挥出强大传播力和影响力的体现。

4. 民众有时尚意识

在具备了上述客观条件的社会中，某种时尚能否出现并普及，与该社会中一般大众的时尚意识强弱密切相关，这是时尚流行的主观条件。时尚不仅依赖于客观物质条件，还受到人们的主观意识的影响。在特定时代背景下，人们可能将追求时尚视为奢侈颓废和“忘本”的行为，因此对待时尚较为保守、麻木。而在现代社会，时尚已成为大众生活中无法回避的潮流，大部分人都被卷入时尚的漩涡中，将时尚视为个性、品位和身份的体现。民众对时尚展现出了前所未有的敏感与热情。

（二）时尚传播的规律

1. 时尚发展与社会物质生产及文明程度成正比

古往今来，那些经济发达、物质生活条件丰裕的国家和地区，一直是时尚的引领者，是流行生活与行为方式的“集散地”。在一个快速变化的社会中，尤其是在社会与经济生活发生变革的时期，或是受到大量外来文化影响的时期，时尚尤为盛行。这个时期的时尚以最快的速度反映着社会的现实状况，是新的社会规范和社会风俗形成的前驱。

2. 时尚的变迁呈现为周期性的循环往复状态

今天被视为时尚的事物，明天或许就会成为陈旧之物；而今天被视为陈旧的事物，明天或许又会重新成为时尚。克鲁伯通过研究妇女的时装变化得出结论，时尚的变迁大致每5～25年循环一次。当然，他的这一结论是基于20世纪后半叶至21世纪初的观察。在现代社会，时尚的变迁周期已经大大缩短。需要说明的是，虽然时尚呈现出循环变迁的特点，但是要对其做出完全准确的预测是十分困难的，我们所能预测的只能是一般趋势。一般来说，时尚是循着极端而变。以时装为例，宽松至极端后又回归紧身，紧身至极端后再回归宽松；小巧至极端后又变得宽大，宽大至极端后再回归小巧，以此类推。2023年冬季，年轻人重新穿上了爷爷奶奶辈的防寒神器——花棉袄与军大衣，使得20世纪60年前的服饰再次流行起来，在大俗与大雅之间实现了轮回。土到极致反而成为潮流，由此诞生了一个新的流行词："土潮"。

3. 时尚的流行常常体现为统计学上的"常态曲线"

"常态曲线"有两个方面的具体含义。

（1）在一个社会中，时尚的引领者和极端追求者总是少数，而对时尚极端不注意或熟视无睹的人也是少数。

（2）时尚的流行常常表现为一条近乎对称的常态曲线。按科尔曼的说法，时尚常常是"缓慢地兴起，逐渐积累能量，然后发展到顶峰，势头逐渐衰落直至彻底消失。在时髦行为中，有一条增长曲线和一条衰退曲线"。

在传统社会，时尚的流行主要遵循"上行下效"的规律，即时尚的引领者或潮流的开创者通常是社会上有地位、有身份、有经济实力的人士。然而，近代以来，特别是20世纪60年代以来，随着世界政治、经济、社会、文化和生活的巨大变化，时尚传播过程中的"下行上效"现象也日益明显。

4. 时尚的流行常常会传播得远广而失其本来面目

《后汉书》所载："城中好高髻，四方高一尺；城中好广眉，四方且半额；城中好大袖，四方好匹帛。"这描述了自上而下的流行过程，百姓在过度效仿贵族装扮的过程中，使时尚在传播中逐渐失去了原本的面貌。因此，时尚是一边被传播，一边被改造。

旗袍起初只是满族劳动妇女的普通着装。后来，经历了加工改良，旗袍的面料变得越来越讲究，款式变得越来越侧重审美性（改变了服装的实用性），成为清朝贵族妇女的宫廷服装。进入民国时期，旗袍又经历了全方位的改良和普及，其面料、款式、风格不断多样化。到了当代，改良旗袍应运而生，既保留了中式风格与传统元素，又更加符合当代人的衣着品位与风格。如今，越来越多的女性将旗袍等中式服装融入日常生活，她们穿着旗袍走上大街，甚至走向世界，彰显着文化自信，带动国学热潮，使中式审美成为新的时尚。

（三）时尚的心理机制

在时尚的漩涡中，人们扮演着不同的角色，有时尚的制造者与引领者，有追随者，还有落伍者。对领潮者和赶潮者而言，时尚的意义各不相同。但在领潮者看来，这类事物或行为与其说是时尚，不如说是庸俗，必须抛弃掉以创造新时尚。这一区别实则揭示了时尚的基本心理机制，由两个既矛盾又统一的心理过程构成，即既要树异于人，又要求同于人。具体而言，社会上层或渴望跻身社会上层的人欲树异于不如己者，他们常常率先采用新事物，成为领潮者；而社会下层或不甘再为社会下层的人则求同于胜过己者，他们往往紧随其后，采用已有人采用的新事物，成为赶潮者。

从理论上来说，一种时尚的流行总有首创者，但现实中很难界定谁是倡导者，谁是追随者，或许每个参与时尚潮流的个体都同时扮演着这两种角色。因此，树异于人和求同于人的心理过程可能矛盾地共存于每个时尚参与者身上。从某种意义上说，正是这两种矛盾心理的相互作用推动了时尚的广泛流行。

1. 时尚制造者

为了追求新奇，为了树异于人并标新于旧制，时尚的倡导者会千方百计地在各个方面表现出差别，凸显个性。在传统社会，上层阶级非常希望能与下层阶级区分开来。特权者利用与众不同的服饰、色彩、车马、宅第、谈吐及一掷千金的气派，显示出自己的地位、富有和闲暇。为了保持与下层社会的差异，他们最初采取了两种方式：一是明令禁止下层阶级穿戴上层阶级的服饰，使用上层阶级的器物；二是放弃那些已被下层阶级模仿和采用的服饰与器物，创新使用新式样的服饰和器物，以重新确立与下层阶级不同的标识。

在当代社会，特权思想已被社会所摒弃，但时尚制造者依然能够找到与普通民众区别的手段——财富。富裕阶层采用炫耀，甚至挥霍的方式来显示自己的独一无二，并通过超乎寻常的消费实力拉大与一般大众的差距。他们不断地引领并制造时尚，如使用价格高昂的奢侈品，刻意展现与众不同的行为模式和造型，期望自己本身就是时尚的代名词。

2. 时尚追随者

由于正在流行的时尚总是展现出独特的珍贵性，参与其中的人能够获得某种殊荣与优越感。于是，是否紧跟时尚便为众人带来了一种无形的压力。倘若不加入时尚的行列，不仅会在众人面前暴露自己对新鲜事物的麻木，还会显得自己在某些方面不如他人。因此，民众不断迎合时尚，追随时尚的脚步。随着追随者数量的增加，公众中逐渐产生了一种求同于人的心理需要。许多人因不愿与他人不同而被动地追随时尚。那么，为什么要迎合与追随时尚呢？这主要基于以下几种心理。

（1）从众与模仿。

时尚能在短时间内从上层社会迅速传播至一般大众，其背后的基本心理机制是大众对时尚引领者的模仿及从众心理。时尚的发起者通常是社会上有地位、有影响力和经济实力的人物。当大众模仿自己心中的偶像时，他们渴望获得偶像所拥有的某种高贵品质。而当人们发现周围的人都在追求某种时尚时，从众心理会驱使他们争相效仿，这种效仿产生的压力又会进一步吸引更多人加入时尚行列，直至引发广泛的社会追随。

（2）自我防御与自我显示。

时尚有时是对个人尊严感不足时的一种补偿手段。换句话说，时尚能在一定程度上补偿内心的空虚和不足，能够换来暂时的尊严感、优越感和满足感。1996年，美国里维斯公司对消费者的穿衣动机进行调查，结果显示，人们穿衣不是为了漂亮或其他，而是为了增加自信。其中，60%的人明确表示穿衣是为了提升自信，51%的人认为穿衣具有“在压力下保持冷静”的功能，49%的人希望通过穿衣来展现自己的成功，41%的人则希望塑造聪明、善解人意的形象（以上为多选题）。

（3）追求冒险与新奇经验的冲动。

这种心理在未成年人中尤为明显。他们通过追求时尚、变换造型、模仿明星等方式来获取新奇体验，自认为这是一种“成长”。在青少年群体中，我们往往能看到最夸张、最前沿的流行趋势。对他们来说，这些时尚潮流与其说是时尚，不如说是“热潮”和“时髦”，因为这些时髦元素能为他们带来新奇和刺激的体验。

3. 时尚落伍者

在时尚流行的分布曲线中，总有少数落伍者存在。他们既无力又无心追赶时尚，主动或被动地游离于时尚之外。其中，一些人是因为超越了时尚，如那些因专注于精神世界而超越世俗的思想者、灵修者和修行者；另一些人则是由于客观原因被时尚所排斥，如精神病患者，以及那些挣扎在生存线上、无暇他顾的社会弱势群体和边缘人群。

二、谣言

谣言是一种以信息传播为主要特征的大众行为，其传播的信息缺乏真实依据或未经证实，导致公众难以辨别真伪。谣言的广泛且迅速传播对社会生活产生了巨大影响。在任何社会、任何时候，谣言的传播都可能出现。流言和谣言产生的具体机制和原因相当复杂，以下情形更容易滋生流言和谣言。

（1）社会突发事件容易引发流言和谣言。突发事件所形成的暂时失序或失范状态往往成为人们关注的焦点，进而引发人们对流言和谣言的关注和猜测。

（2）当人们面临某些危险或威胁时，会导致流言和谣言不胫而走。

（3）当正规的信息渠道不畅通，或者公众对正规渠道的信息存在严重的不信任，并且缺乏可供核实与控制可怕想象的事实标准时，流言和谣言便会趁机广泛传播开来。

（一）谣言传播的心理机制

1. 认知偏差与信息处理

人们在处理信息时往往受到认知偏差的影响。例如，确认偏误会让人更倾向于相信和传播与自己现有信念相一致的信息。当与个体的信念或预期相吻合时，谣言就更容易被接受和传播。

2. 社会认同与群体动力学

谣言的传播与个体的社会认同密切相关。人们往往倾向于相信和传播那些能够强化自己所属群体认同的信息。在群体中，谣言可以作为一种社交手段，加强群体内部的联系和凝聚力。

3. 情绪感染与焦虑传播

谣言往往带有强烈的情绪色彩，能够引发和放大人们的焦虑、恐慌等负面情绪。在突发公共事件中，由于不确定性和威胁感的增加，人们的情绪更容易受到影响，进而促使谣言的传播速度加大，影响力也随之增强。

4. 心理防御机制

谣言有时被视为一种心理防御机制，帮助个体应对压力和焦虑。通过传播谣言，个体可能试图找到一种控制情感或释放压力的方式。

5. 个体差异

个体的心理特质、知识水平和批判性思维能力等都会影响他们对谣言的接受和传播。具有较高批判性思维能力的个体往往更能辨识谣言，而教育水平较低或信息素养不足的个体则更容易受到谣言的影响。

流言和谣言的传播受两个关键因素影响：重要性和模糊性。重要性是指人们对事件和环境的关心程度。模糊性是指人们往往难以及时、准确地获取周围环境的真实信息，从而不得不通过各种渠道（如非正规途径）来探寻信息，不论这些信息是否可靠和真实。这种情况下，大量不真实、不客观的信息便会趁机而入，得以流传，甚至赢得人们的信任，导致公众认知的混乱，同时也满足了人们的某种心理需求。谣言的强度＝事情的重要性 × 情景的模糊性。因此，当出现了对人们具有某种重要性的事件，而关于该事件的信息又含混不清时，流言和谣言就会随之产生并广泛传播。这也提醒我们，防范流言和谣言的有效方法是及时、准确、权威地公开信息，确保正规信息渠道的畅通无阻。

（二）谣言传播的影响

流言和谣言确实属于不确切的信息。然而，不确切是就其模糊性而言的，不确切不一定不真实。因此，我们不能一概而论地否定它们，而应认识到流言和谣言所承载的社会舆论功能。人类学研究表明，流言蜚语遵循着一定的规则并发挥着重要作用，有助于维护群体的统一、道德和历史。同时，它还有助于群体控制内部竞争的小团体和野心勃勃的个人。通过流言蜚语，那些隐藏在背后的不同意见得以表达，从而有助于维持表面的和谐与友谊。在特定社会环境中，流言和谣言还能发挥舆论监督的作用，对抑制暗箱操作等不法行为产生一定的积极作用。

谣言对正常社会秩序的干扰及对民众产生的负面效应是不能忽视的。鲁迅先生曾把谣言比作“杀人不见血的武器”。谣言虽然是来路不明、无事实依据的信息，但是拥有一股难以想象的力量。这种力量在社会公众缺乏信息来源时，会让他们抱持一种强烈的“宁信其有，不信其无”的心态。这种心态不仅为谣言的滋生和传播提供了温床，还严重地削弱了人们的判断能力，导致认识混乱，甚至行为偏离，进而影响到人们正常的社会生活及身心健康。谣言一旦产生，就会以一种令人难以置信的速度迅速扩散，成为人们茶余饭后的“话题”，并且传播范围非常广泛。话题一旦传播开来，便难以遏制，并且持续时间较长。辟谣行为反而容易激发人们的好奇心和逆反心理，强化了“话题”的重要性。

（三）谣言传播与大众媒体

随着移动互联网和自媒体技术的快速发展，流言与谣言的形成机制和传播方式发生了重大变化。借助高科技手段，流言和谣言以其强大的传播能力对社会生活产生了前所未有的影响。网络谣言作为谣言的新形态，通过网络媒介生成并快速传播。在网络时代，特别是在自媒体时代，网民已从单纯的“受众”角色转变为“传播者”和“受众”的双重角色。网络上不断涌现出大量由网民发布的各类信息，这些信息往往基于个人见闻和感受编辑而成，未经严格考证。此外，有一些人出于某种动机而捕风捉影，甚至故意捏造所谓的爆炸式新闻或虚假信息。从内容来看，当前的网络谣言既有针对公民个人的诽谤，又有针对公共事件的捏造，具有隐蔽性、炒作性、攻击性、报复性、宣泄性、诱惑性和强迫性等特点。

网络媒介为谣言的传播提供了多样化的手段。目前，国内的微博、QQ、微信、论坛帖文、新闻跟帖及国外的 MSN、Twitter、Facebook 等，都是网络谣言传播的重要渠道。借助这些网络渠道，网络谣言的传播呈现出了许多不同于传统传播方式的现代形式。网络谣言传播的早期，一般呈现为链状结构，即谣言从一个人传到另一个人。然而，由于网络的开放性和网民参与的广泛性，传播形式迅速转变为树状结构，即谣言从一个人传到几个人，再从几个人分别传递给更多的人，就像滚雪球一样传递下去，形成几何倍数增长的传播模式。但这依然不是网络谣言传播的最终形式。一旦进入网络，特别是在各类社交平台上，谣言还会立即以放射状方式迅速传播，即谣言从信息源同时向大量的接受者无阻碍地直接发送。例如，在数百人的微信群中，一条信息会立即被所有群成员直接接收，而这个过程还会不断地进行复制。许多谣言的网络传播最终还会形成“漩涡型复式传播”模式，即融合了人际、群际间的多渠道组合，以及大众媒介与互联网络的相互交织，通过多信源、多途径的信源加工与传递，最终构建一个信息引力巨大的传播漩涡。

由此可见，互联网在为人们的信息交流提供了巨大便利的同时，也为谣言的传播创造了空前的条件。当借助网络这一传播媒介进行扩散时，网络谣言比起口传谣言的危害更大。因此，有效治理网络谣言、净化网络空间，是当前社会治理面临的一项重要任务。作为现代公民，无论身处现实社会还是虚拟空间，都应具备为自己言行负责的意识和能力，同时拥有理性且冷静的判断分析能力，不轻易被谣言所裹挟，更不应有意无意地成为谣言的传播者或受害者。

案例分享

时尚之辨

物质丰富、产品多样、信息多元和求新求变，这些因素交织在一起，使时尚仿佛成为当今社会生活的漩涡，每个人都身在其中，经受着一波又一波潮流的冲击。有人站在潮流前端沾沾自喜，有人拼命追赶并乐此不疲；有人因担心落伍而焦虑不安，有人因盲目攀比而迷失自我；也有人不为所动，依然坚守自我。那么，究竟什么是真正的时尚？在时尚的浪潮中，我们应如何定位自己？我们又该保持怎样的心态来面对这一切呢？

曾经有一位来自偏远地区的女大学生，她在读大学前对外部世界知之甚少，学习几乎是她生活的全部。她拼尽全力考入大学，但入学后发现难以融入新环境。同学们个个时髦光鲜，说着“给力”“凡尔赛”之类的新鲜词；许多人拥有文体特长，玩着滑板等新奇玩意儿；女同学则热衷于讨论化妆技巧和流行款式，追剧追星。而她，依旧是那个“小镇做题家”的模样，连普通话都说不好。在这里，她的努力和质朴似乎变得不值一提，甚至被视作土气和呆板。她也曾尝试跟上同学们的节奏，在宿舍同学闲聊时，怯生生地搭话：“你们刚才说的……是那个吗？”宿舍同学哈哈大笑，嘲讽地说：“你是古代穿越过来的吧？”此后，她再也不敢插话，变得异常敏感，总觉得别人看她的眼神充满了蔑视与嘲讽，总感到别人在背后议论她、笑话她。她自卑不已，感觉自己就像个放错地方的土疙瘩，无论说什么、做什么都会成为别人的笑话。她开始退缩，变得沉默寡言，不参加任何集体活动，不主动与人交流。她陷入深深的自我否定与自我怀疑之中，认为自己一无是处。对那些光鲜亮丽的同学，她既羡慕又嫉妒，还夹杂着怨恨，心情异常复杂。而她，一个永远无法变成白天鹅的丑小鸭，究竟该何去何从呢？

她找到我，说自己想退学。我询问原因，她回答说：“没什么，在这里待不下去了。”经过几次深入交谈，我终于了解到了“待不下去”背后的真相。我没有盲目地劝说她，没有简单地灌输正能量，也没有直接告诉她：“你不要理会周围人的看法，你不要自卑，要自信……”因为我真切地理解她的感受，明白这个年纪的女孩对美的追求，理解她多么希望在群体中获得关注与认可，同时也理解她当前的困惑与苦恼。“待不下去”并不是真的想退学，而是一种呼救信号。

我以朋友的身份和她一起探讨问题出在哪儿。时尚并不等同于外在的装扮，也不是通过标新立异来耍酷。时尚本质上不是对物质的盲目占有，也不是用来比较谁在潮流中更领先或更落后。外部的热潮是变动不居的，许多当下的流行很快便经不起时间的检验，甚至被认定为错误。例如，20 世纪 80 年代曾风靡一时的喇叭裤和皮短裙，如今看来反而显得低俗。而在特殊年代，还有人将高考交白卷视为勇敢之举，但后来我们重新认识到知识的价值。真正的时尚，必然蕴含积极元素，是向上的、经典的和长久的。面对这个五彩斑斓的世界，我们需要足够的定力和辨别力，才不至于迷失方向。在我看来，时尚反映着社会的变迁和时代精神，其本质是一种开放的心态，一种与时俱进的姿态。保持对外界的热情和好奇，不保守僵化，不故步自封，找到自我真正的定位与价值，这才是真正的时尚。

我让这位同学深思：面对外界种种诱惑，你敢不敢做真实的自己？能不能找到自己真正的价值？能不能分辨短暂的光鲜与永恒的意义？当代大学生到底应该追求什么？女孩的美丽与自信来自哪里？

第二年暑假，我推荐她参加“三下乡”暑期社会实践。她与同学们一同前往某地支教。由于支教地点距离她的家乡不过100多公里，她凭借对当地语言和风土人情的熟悉，迅速与小学生们建立了深厚的感情，同时也成为支教团队中的骨干。其他支教同学遇到难题时都纷纷向她求助。支教回来，她神采奕奕，焕发着青春的活力与自信，激动地向我讲述支教的种种感人故事。此后，她积极参与了多项社会服务与公益活动，成为其中的活跃分子。毕业后，她成为一名中学教师，衣着简朴，内心却无比坚定。她所敬仰的人物是张桂梅校长。

第八章　人际沟通

导　读

试想这种场景：大街上，路人甲走来，路人乙看了路人甲一眼，然后……

甲：你瞅啥？

乙：瞅你咋的？

甲：你是不是欠抽？

乙：你说谁欠抽呢，你是不是想打架？

甲：谁想打架了？打就打，难道还怕你？

乙：打就打，我也不怕你！

双方开始动手……

警察介入并询问打架起因，甲乙双方各有理由，各有委屈。

甲：他用那种眼神看我，分明就是看我不顺眼。我很生气，所以质问他。

乙：我只看了他一眼，他就用恶狠狠的语气质问我，分明就是挑衅，所以我怼他。

甲：他这么对待我，难道不是欠抽吗？

乙：他竟然说我欠抽，这分明就是想打架！

甲：是他先说是不是想打架，这分明就是他想打架，我当然不能认怂，打就打！

乙：是啊，打就打，谁怕谁！

甲：都怪他……

乙：都怪他……

在这场闹剧中，双方表面上发生了很多互动（语言和行为），但为什么导致误解，甚至互殴呢？原因在于他们在自己的认知图式里认为“他在挑衅我”“他不怀好意”“既然他想打架，我就必须还击”。他们既没有准确传递自己的真实想法，又没有询问和倾听对方的真实意图，缺少沟通。沟通真是一门学问，也是一种能力啊！

第一节 沟通概述

沟通是人与人建立联系的最主要形式，也是人与人之间的信息交流过程。狭义的沟通指的是以符号、记号为媒介实现的社会行为交互，即人们在互动中通过特定途径或方式将信息传递给另一个接受人，而接受信息的人也会做出相应的互动与反馈，再将信息传递给对方，如此循环。广义的沟通则涵盖了整个社会的互动过程，人们不仅交换观念、思想、知识、兴趣和情绪等信息，还涉及相互作用个体的全部社会行动。当今社会，沟通的便利化和手段的多样化，极大地增加了人与人交流的频率与广度，进一步彰显了沟通的重要性。人际沟通能力和表达交流能力已成为现代社会不可或缺的能力要求，沟通的质量影响着社会互动的效果，影响着社会行为的进展。

一、沟通的意义

（一）沟通提供了身心发展所必需的信息资源

人体是一个系统的有机体，是信息加工和能量转化的主要载体。它时刻与外部环境相互作用，接收着外界的各种信息和刺激，并对这些刺激做出适当的反应。其中，社会性的沟通过程占据着核心地位。人与人之间通过沟通所传递的信息，不仅具备物理属性，还具有社会属性。人在社会化的过程中离不开与他人的沟通和交往，无论是自我概念的获得，还是与他人冲突的解决，沟通都是一个主要的途径。

心理学家赫隆曾经做过一个“感觉剥夺”的实验。在征得自愿参与者的同意后，赫隆将他们安置在一个隔绝光线和声音的实验室中，同时他们身体的各个部位也被包裹起来，以最大限度地减少触觉经验。在实验过程中，除了满足必要的生理需求如进食外，不允许被试者获得任何其他形式的刺激。然而，仅仅过了两天，参与实验的被试者便出现了严重的身心不适，迫使实验提前终止。这一实验有力地证明了，信息支持与沟通对于维持人体作为有机体的正常运作是多么重要。

有人对长期驻守在祖国边陲的边防卫士进行调查发现，由于长年生活在人际交往单调、沟通环境单一的环境中，他们的沟通能力受限，进而导致他们的语言能力和其他认知能力受到了不同程度的影响。当回到社会与他人相处时，他们或多或少会表现出一定程度的不适应。研究已证明，儿童如果生长在缺少沟通机会的环境中，他们的智力发展就会明显滞后。心理学家以早产儿为研究对象，通过实施一定的干预手段，如增加与早产儿的沟通并对他们进行按摩，可以帮助他们实现正常发展。而没有实施这项干预的早产儿，就比较容易出现各种问题。

老年人退休后，衰老过程加快的问题已引起社会的广泛关注。退休导致社会活动减少，与人交流与沟通的机会也随之减少，这使得部分老年人出现了空虚、寂寞、焦虑、忧伤和抑郁等心理问题，并表现出行动迟缓、认知能力下降，加速了衰老过程。研究发现，如果退休后，老年人能继续保持与他人的良好沟通，维持个体与社会一定程度的联系和互动，并继续承担一定的社会责任，其衰老速度就会明显减慢。

（二）人凭借沟通交换信息并建立、维持相互联系

试想，我们在上海或北京这样的大城市中随机选择一个目标人，请你帮忙转交一封信给他。但有一个特殊要求：这封信必须通过相互熟悉的人面对面转交，并且目标人在接到信时，也必须是由他自己所熟悉的人转交的。你认为从你开始，要经过多少次通过两两相互熟悉的人作为中介，才能将你与这个纯粹随机选择的目标人联系到一起呢？是 500 次，还是 1 000 次？心理学家斯坦利•米尔格拉姆通过小世界研究计划证实，在一个超过 200 万人的群体中，信件只需要平均经过 6 次且最少 2 次的转手，就能交到收信人的手中。世界真是太小了！实际上，生活中只存在交往失败或不善于沟通的情况，而不存在缺乏交往机会或没有沟通对象的问题。

沟通不仅是信息交流的过程，还是人与人之间观念、思想和情感的交换过程。任何人的直接经验都是有限的，要想适应不断变化的外部世界，就必须凭借沟通来获得别人的宝贵经验。沟通使人在思想观念与情感上都得以丰富。英国作家萧伯纳曾打过一个生动的比方。他说，假如你有一个苹果，我有一个苹果，彼此交换后，我们各自仍只有一个苹果；但如果你有一种思想，我有一种思想，彼此交换后，我们各自就拥有了两种思想，甚至当这两种思想相互碰撞时，还能产生出更多新的思想。

在情感上，我们同样需要通过沟通来丰富自己。我们欣赏绘画、摄影作品，观看电影、电视，阅读散文、诗歌、小说，实际上都是在经历作者所创作的情感旅程。不仅如此，这些作品还能激发我们在欣赏的过程中产生出许多作品中没有的、超越

作品的情感体验和思想。在情感体验上，沟通能深化积极的感受，淡化消极的体验。正如一位哲人所言，快乐与多彩让有限的生命显得无限。与他人分享快乐，快乐会倍增；而与他人分担痛苦，痛苦则会减半。沟通的过程，使人生真正变得丰富。

（三）沟通是自我概念和社会认知形成的途径

我们如何认识自己呢？如何在对比中认识到自己的优点和缺点呢？如何在社会中给自己定位？主要途径就是人与人的交流与沟通。他人就像一面镜子，通过人与人之间的相互映照，我们能反观自身、认识他人。脱离沟通，就没法建立自我同一性。人们在沟通过程中保持自我作用的发挥，并实现自身的提升与完善。

二、沟通的要素与条件

根据巴克尔的总结，沟通的过程包含七个要素：信息源、信息接受人、信息、通道、反馈、障碍和背景，如图 8-1-1 所示。

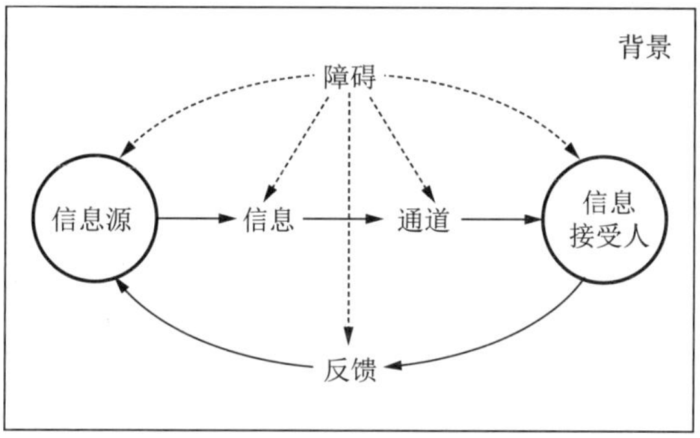

图 8-1-1　沟通的过程与要素结构

（一）信息源

信息源是沟通过程中的始发者，他们拥有信息并试图进行沟通。他们在沟通过程中具有一定的主动权，可以选择沟通对象，确定沟通的目的。

沟通的目的通常分为三种：一是给他人提供信息；二是影响别人，使别人发生态度转变；三是与别人建立某种联系或纯粹为了娱乐。信息发出人在进行沟通前会选择并加工试图沟通的信息，一方面对沟通的内容进行筛选与取舍，如哪些需要沟通，哪些没有必要沟通；另一方面要把沟通信息转化为可以被信息接受人接受的形式，如文字、语言和表情等。

例如，当我们遇到一个精彩的故事或学到一些有趣的知识时，在未经加工整理时，这些起初只是一些倾向性的概念。然而，当你想与他人分享时，这些信息会经过你的精心梳理，并融入你的个人评价和感受。此时，信息传递的准备才算完成，才能真正传递给沟通对象。那些有过准备讲稿经历的人会深有体会。仔细且充分的沟通准备对达成沟通目的至关重要。若缺乏细致的沟通准备和对沟通目标和策略的设计，沟通往往会出现词不达意的情况。

（二）信息接受人

信息接受人对信息的接受并非被动过程，而是一个积极主动接受并加工信息的过程。在这个过程中，信息接受人会在个人经验的基础上，通过一系列的注意、知觉、转译和储存等心理操作，将接受的各种具有特定意义的符号转译成一种观念、想法或情感，并且向信息发出人做出反馈。这就意味着信息源与信息接受人的角色不是固定不变的，沟通过程中的信息接受人可能迅速转变为下一个沟通过程中的信息发出人。理论上，这种双方互为主体的交流过程可以一直循环持续。

由于信息源和信息接受人的生活背景、个人经验和心理世界存在差异，因此经信息接受人转译后的内容与信息源原有内容往往难以完全一致，而是带有个人经验和生活背景的印记。然而，在多数情况下，沟通仍能有效实现。

（三）信息

信息是沟通传播的内容。从沟通意向的角度来看，信息是沟通者试图传达给别人的观念和情感。沟通信息借助各种符号系统进行传递。因此，沟通得以实现的一个重要条件就是沟通双方采用大体一致并可以互相理解的符号系统。

（四）通道

在发送人与接受人之间，有效的信息传递需要通过特定形式构成的沟通回路。这种信息传达的方式就是通道。人体的感官，如眼、耳、鼻、口、手，都是传递信息的通道，其中视听通道最为常用，而日常生活中的沟通也以视听沟通为主。除了面对面的沟通方式外，还存在以不同媒介为桥梁的沟通方式，如电视、网络、电话、照片和数字等。虽然各种新兴的沟通形式层出不穷，深刻地改变了人们的生活方式，但是面对面的原始沟通方式依旧保持着最大的影响力。面对面沟通可以使沟通双方即时通过言语及非言语信息来了解彼此的状态，更容易产生情绪共鸣。此外，面对面沟通使沟通双方的反馈更为及时，便于沟通双方做出积极的调整，从而提升沟通的有效性。

（五）反馈

在沟通过程中，信息的接受人不断将沟通结果反馈给发出人，促使发出人进一步调整沟通策略，由此形成一个完整的沟通回路，这一过程就是反馈。反馈的作用在于使沟通成为一个双向互动的过程。通过反馈，信息发出人能够了解接受人对沟通信息的理解程度，进而做出相应的调整，从而确保沟通的有效性。

反馈分为正反馈和负反馈。如果反馈显示信息接受人接受并理解了信息，那么这种反馈为正反馈。如果反馈显示信息源没有被接受和理解，那么这种反馈为负反馈。反馈可以有效地反映沟通过程的效果。因此，成功的沟通者对反馈有着高度的敏感性。反馈不仅源自信息接受人，有时信息发出人还会通过发送信息的过程及自我反思进行相应的调整，这同样是一种反馈，被称为自我反馈。

（六）障碍

沟通中的障碍是指在沟通过程中导致沟通困难或双方未能顺利完成沟通的因素。沟通中常会出现各种障碍，如信息模糊、发出人的目的不明确、信息未能有效或正确转换为可以沟通的信号、沟通方式被误用或接受人在接收和加工信息时出现误解等。

沟通障碍有多种表现形式：因双方地位、关系差异可能导致地位障碍，因个性倾向不同可能产生个性障碍，在庞大臃肿的组织结构中可能造成组织障碍。另一种常见障碍为文化障碍，即沟通双方因文化背景不同而难以实现有效沟通。即使我们英语水平很好，将“猪八戒倒打一耙”这句话翻译给美国人听，他们也很难理解其中的真正含义，更无法体会其中的意味与幽默。

（七）背景

沟通总是在一定的背景中发生，任何形式的沟通都受到各种环境因素的影响。在沟通过程中，同样一句话可能会因沟通背景或情境的改变而产生不同的含义。例如，简单的一句“你来了”，既可能表达期盼与欢迎，又可能传达一种不满的情绪，还可能是吵架双方表达愤怒的方式。沟通背景的不同会导致沟通信息的加工模式各异，进而使沟通效果大相径庭。接下来，我将详细地探讨沟通背景。

1. 心理背景

（1）心理背景是沟通参与者的情绪或态度。

当沟通者心境良好时，他们的思维变得积极活跃，对周围世界充满兴趣，对沟通持有积极态度，并投入较高的心理能量，使信息与符号的转换过程流畅。在这种情况下，沟通不仅容易进行，沟通内容还有较大的广度和深度，同时给双方带来积极的心理效应。相反，当沟通者心境消极，处于烦躁、悲伤或焦虑状态时，他们对沟通的需求不强烈，并投入较低的心理能量，导致思维受到抑制或混乱，信息与符号的转换过程受到干扰。在这种情况下，沟通常常发生困难，会时常出现无反馈、错误反馈、答非所问的情况。

（2）心理背景是沟通双方相互接纳的状态。

心理学研究发现，沟通双方的接纳程度会影响沟通的过程和效果。当沟通双方彼此悦纳时，沟通过程会呈现出积极的态势，进行得比较顺利，双方为彼此提供的反馈也比较充分，相互之间的理解也比较准确。相反，如果沟通双方中有一方拒绝对方，或者双方相互拒绝，那么沟通的定向就会变得消极。总之，沟通过程中常常因偏见和敌意而产生误差，并经常因此而引发人际冲突。

2. 物理背景

物理背景是指沟通发生的场所。特定的物理背景会造成特定的沟通氛围。例如，在一个挤满人群的大厅里做报告，就会营造出听众准备倾听演讲者演讲的气氛。相反，如果一个可以容纳上千人的大礼堂只坐了几十个人，那么演讲者的状态和演讲效果往往会大打折扣。此外，沟通场所的环境布置、灯光设计和颜色搭配等都会影响沟通本身。在心理咨询中，咨询场所的布置尤为重要，旨在营造安全、放松的氛围。一般情况下，咨询师和来访者的座椅会呈 45° 角摆放，以避免 180° 角正面对坐可能给来访者带来的压迫感，从而导致来访者不能敞开心扉。

3. 社会背景

社会背景包括沟通者之间的社会角色关系，沟通情境中不直接参与的其他人对沟通产生的隐性影响。

对于每种社会角色关系，无论是师生关系、恋人关系、亲子关系，还是一般的朋友关系，人们都有一种特定的交往适当性概念或期望。如果有关的沟通符合了这种适当性概念，就被认为是恰当的而被人们所接纳。如果沟通方式偏离了人们的期望，就会被认为是不恰当的并为人们所拒绝。心理学家曾经对青少年的沟通做过研究，发现家长在场时，青少年会明显地改变沟通方式，如沟通中所使用的句子变短，语词的沟通减少，而非语词的沟通增加。同样，青年男女之间的沟通也会因恋人或配偶在场而呈现出截然不同的模式。此外，那些未直接参与沟通的背景人群同样会对沟通过程产生影响。例如，在与他人交谈时，一旦有旁人靠近，我们往往会不自觉地压低声音，甚至中断谈话。

4. 文化背景

文化如同空气一般无处不在，深刻地影响着我们，并内化为我们的行为习惯、思维方式和价值观。在与人交流时，我们往往不自觉地带着文化的底色。因此，只有在遭遇不同的文化体验或文化冲击时，我们才会意识到文化对自身沟通方式的深远影响。

第二节　沟通的符号系统

符号系统是进行人际沟通的必要工具，只有通过它，人际沟通才能实现。人类沟通所使用的符号系统，依据语言的与非语言的、有声的与无声的这两个维度，可以分为四类符号，如图 8-2-1 所示。

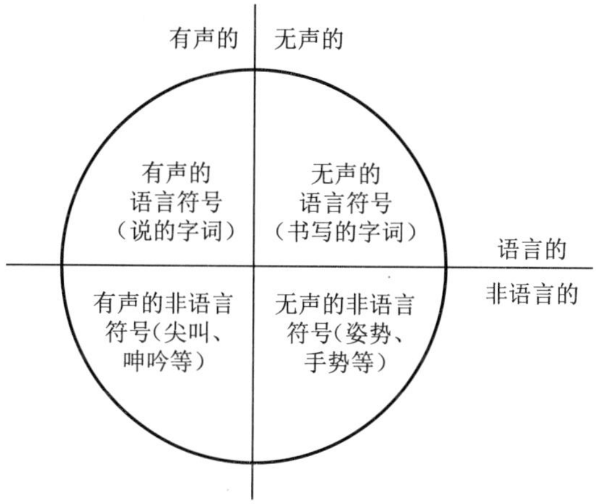

图 8-2-1　沟通的符号系统

一、语言沟通

语言是人类最重要的沟通工具，也是信息传递的最有力的手段。语言沟通，即凭借语言符号系统，以语词符号为载体实现的沟通，主要包括口语沟通、书面沟通等。语言沟通是有目的的社会活动，沟通者通过有策略地使用语言达到预期的交流目标。语言既包括语音、词汇、语法，又包括言语的具体内容。人的意识及作为意识符号的语言是人在实践基础上进行思维的结果，是在交往中产生的。语言是重要的交流工具，在人际沟通中扮演着重要的角色。在交流的过程中，人们通过语言传递态度、表达情感和交流观点。

（一）有声的语言符号：口语沟通

通常提及的口语沟通特指面对面的有声语言交流，而通过广播、电视、网络等传递信息则被称为媒体沟通或大众沟通。口语沟通是人们日常生活的重要内容。交谈、讨论、开会、讲课等形式都属于口语沟通。口语沟通可以完整、及时地保持沟通过程的有效性，是保持整体信息交流的最好的沟通方式之一。在口语沟通中，个人能够通过非言语信息如表情、语气和语调等得到及时反馈，并据此及时调节沟通过程。

在口语沟通中，虽然沟通者之间相互作用充分，沟通的影响力较大，但是由于是即时性的，信息易流失且保留程度不高，缺乏反复斟酌，容易产生失误。因此，在一些公开和重要的场合，口语沟通要结合书面沟通形式。信息发送人常会预先准备书面稿，而信息接受人则往往做笔记或进行录音。口语沟通中还可能出现有趣的现象，如两人起初只是随意交谈，却因你一言我一语而激发出了不该说的或者不恰当的言论，最终导致不欢而散。当然，双方也有可能达成谅解与共识，从而有效交流了想法，增进了感情。由此可见，口语沟通的效果既明显，又带有不确定性。

（二）无声的语言符号：书面沟通

书面沟通是借助文字而实现的沟通形式。通知、广告、文件、报刊等是沟通过程中常见的文字形式。书面沟通的稳定性要高于口语沟通，并且便于保存和流传。同时，由于阅读的速度要高于听说的速度，因此单位时间内书面沟通的效率也要高于口语沟通。然而，由于缺乏面对面的交流机会和沟通背景的支持，多数情况下，书面沟通的影响力会低于口语沟通。但值得注意的是，一些重要的正式文件（如红头文件）的沟通效力往往高于口头信息传达。书面语言的准确性通常要比口语更高，形式上也更为正式，从而大大增强了沟通的影响力。

书面沟通最大的局限在于无法完整地传递信息发出人的语气、语调和表情等附加信息。虽然有标点符号的注解，但是阅读者仍然需要根据个人的理解补充文字背后的信息。因此在书面沟通中，信息发出人当下的沟通背景，以及接受人自身的知识背景、认知图示、理解能力等主观因素都会对书面沟通的效果产生影响。

二、非语言沟通

人们不仅可以用语言符号进行沟通，还可以用非语言符号进行沟通，从而传递完整的意义给他人。非语言符号系统是指在人际知觉和沟通过程中，人们有意识地表达思想感情或无意识地传递心理活动的一切行为和反应，包括动作、姿势、表情和举止等。其中，面部表情、语调、手势、肢体位置和动作、身体接触和目光的注视都是非常有效的具有启发性的非言语的交流方式。人们常常认为非语言符号系统是不重要的、数量较少的，但事实并非如此。美国传播学家梅拉比安通过实验把人的感情表达效果量化成了一个公式，即 100％的信息传递=7％语言+38％语音+55％非语言符号系统。从这一公式可以看出，非语言符号系统在沟通中具有重要的功能，能补充、调整、代替或强调语言信息。

（一）有声的非语言沟通

有声的非语言沟通包括辅助语言系统和类语言系统。其中，辅助语言是言语非词语方面的特点，包括说话过程中的音量、声调节奏与强度、速度与声音的犹豫和颤抖等。音质、音幅、声调、言语中的停顿、语速快慢等因素都能强化信息的语义分量。例如，较低的声调可以传达兴奋、生气、惊讶，但悲哀和沮丧时刚好相反。当一个人说谎时，他的声音会提高。声调是鉴别谎言的关键因素之一。虽然善于隐匿的说谎者可以控制自己的语言和表情，但是说谎时声调提高是不自觉的。不同演讲者对同一主题的表达效果各异，其中辅助语言起着重要作用。同时，一句话的含义常常不是取决于字面意思，而是取决于它的弦外之音。语言表达方式的变化，尤其是语调的变化，可以使相同的词语表达不同的含义。例如，对于“谢谢”一词，人们可以动情地说出，表达真诚的谢意，也可以冷冷地说出，表达轻蔑的含义。而非语言系统中的类语言是特指无固定语义的发音，如哭笑、呵欠、呻吟、喷嚏等，这些同样有沟通思想和交流情感的重要作用。

（二）无声的非语言沟通

1. 静态无声的非语言沟通

静态姿势通常透露着一定的态度，传达着一定信息，如图 8-2-2 所示。以身体姿势为例，当信息传递者身体前倾并正对信息接受人时，这通常被视为怀有正面的态度，同时有助于产生亲密感；当身体后仰并双手抱在胸前时，则被认为是拒绝、防御的姿势。

图 8-2-2　静态无声的非语言沟通

2. 动态无声的非语言沟通

（1）面部表情。

人的面孔中包含着丰富的个人信息和社会交往信息，对面部表情的加工是社会信息知觉的重要组成部分。表情是人类表达自身情感信息的重要非语言性行为，如同人类心理活动的晴雨表，不仅辅助人们交流情绪，还在一定程度上影响他人的行为。人的脸部可以有许多种不同的表情，如喜、怒、哀、乐、悲、恐、惊等，这些情绪往往通过面部表情自然而然地流露出来。无论文化、种族、性别或教育上是否有差异，人们都会以类似的方式表达基本情绪，并根据他人的面部表情来判断其正在体验的情绪。

（2）肢体语言。

身体动作包括身体运动、姿势、手势、目光接触、空间距离等，这些姿态能够传达不同的情感状态。有些肢体语言单独成为一套符号系统，如专门的手语、军队指挥中使用的特定手势及舞蹈演员的编排动作。而在更多情境下，肢体语言作为语言的补充与辅助，发挥着重要作用。例如，成功的演讲常常借助演讲者的手势来增强感染力，优秀的教师则擅长运用目光来鼓励学生、提醒学生，从而达到组织课堂教学、维持学生注意力等多种效果。实验证明，交谈双方在沟通中如果能保持目光平视，就会让对方感受到正式、尊重与认真，从而实现良好的沟通效果。相反，如果“顾左右而言他”，沟通效果就会大打折扣。

（3）空间距离。

在社交环境里，人们都要遵守支配空间使用与运动的社交准则。通过双方保持的空间距离，我们可以大致判断彼此的亲疏关系。霍尔提出了空间关系学的概念，将人际空间距离分为4种：亲密距离、个人距离、社会距离和公众距离。亲密距离：一般为0～46厘米，属于配偶、家庭成员、最好的朋友；在此区域中，可以有身体接触，如拥抱、爱抚、亲吻等；话语富有情感，并排斥第三者加入。个人距离：一般为47厘米～1.2米，同学、同事、朋友、邻居等可以在此区域内交往；由于距离有限，在此区域内说话一般避免高声。社会距离：一般为1.3～3.6米，在此区域内，人们相识但不熟悉，交往自然，进退也比较容易，既可发展友谊，又可彼此寒暄或纯粹应付。公共距离：一般为3.7米至目光所及，属于与陌生人的距离，表明不想有发展；在此区域内，人们难以单独交往，主要是进行公共活动，如做报告、等候飞机等。

非语言符号系统在人际沟通中起着十分重要的辅助作用，可以加强或减弱口头语言的力量。然而，由于它的使用具有较大的不确定性和个体差异，并且在不同情境下也有很大区别，因此要求沟通者具备较高的理解能力。

语言沟通和非语言沟通既相互联系，又存在明显的区别。语言沟通以词语为媒介，通过声音传递信息，可以对语词进行控制，是相对结构化的沟通方式。而非语言沟通则是连续的，通过多种渠道传递信息，多为习惯性、无意识且无结构的沟通形式。实际上，语言沟通和非语言沟通常常是密不可分的。在交流过程中，说话者和交流对象的情绪都会影响语言的使用。面对情绪积极的个体，交流者更倾向于使用抽象词语传递信息；而面对情绪低落的个体，交流者更愿意使用具体词语。在积极情绪线索（如微笑、亲密接触）下，交流者感受到友好和愉快的氛围，倾向于做出抽象的积极描述，从而拉近心理距离。相反，在消极情绪线索（如愤怒、拒绝身体接触）下，交流者感受到敌意、误解和心理疏远，更愿意使用谨慎、详细且争议较少的具体描述。这表明情绪体验对语言使用有着重要影响。当然，语言沟通与非语言沟通的配合使用能够取得最佳效果。

第三节　沟通分析理论

沟通分析理论是美国学者艾瑞克•伯恩创立的一套分析沟通中个人自我状态的理论模型。伯恩认为，沟通的本质是两个人自我状态之间的刺激—反应的联结。

一、自我状态

每个人的人格分为三个独立的不同自我状态：父母状态、成人状态和儿童状态。每一种自我状态都各自拥有特定的思想与行为内涵，这也是引发不同行为表现的缘由。需要指出的是，三种自我状态组成完整的人格结构，也就是每个完整的人格都同时具有这三种状态。有的人在这三种状态间保持相对平衡，有的人则以一种状态为主导，还有的人会出现三种状态的失衡。

（一）父母人格

父母人格包含了父母与权威人物所持有的指导性态度与行为，具体表现为养育、告诫、命令、惩罚、控制和鼓励等状态。父母的自我状态会促使个人表现出养育者和批评者的行为，包括既要付出又要教训的双重性。

（二）成人人格

人格中的成人自我状态意味着理性、成熟、现实，很少情绪化，以成熟、客观、逻辑和理性的态度面对客观事实。这种人格随时证明自己是正确的、成功的，但因理性压制感性而显得缺少情趣和情调，甚至表现出冷漠。

（三）儿童人格

儿童人格的自我状态，如孩童般的冲动，是人类共有的特质。它带给人们快乐、愉悦的感受及直觉上的享受，并激发了创造力和自发性。儿童人格累积着天生的冲动，并记录着从小对环境的内在反应或重要事件。虽然不成熟是其中一个因素，但是深层感受、情感、适应、表达和乐趣也常由儿童人格的自我状态得以表现。

（四）三种自我状态的平衡

沟通分析理论认为，一个适应良好的人能够根据不同情境而决定呈现不同的自我状态，并且能够维持三者的平衡。常见的问题是，有的人只允许自己的某一自我状态占据主导地位，排斥其他状态。例如，“固执的父母”看似独裁又偏执，实则不具备成人的理性，更没有儿童的率真，因此让人感到压抑和无趣，难以相处。“理性的成人”表面成熟且成功，实则缺少有趣的灵魂。“天真的儿童”倒是活泼可爱，但因不够成熟而缺乏承担责任和解决问题的能力，在人际交往中属于被动依赖型。

二、沟通分析

（一）沟通中的自我状态

1. 家长对儿童——我压，你屈从；我行，你不行

一方像严父，采用严厉的家长行为；而另一方像听话、守规矩的小孩，采用顺从的儿童行为。用家长对儿童的方式解决问题，实际上就是要用“我压，你屈从”的方式来解决问题。例如，有的领导会这样对部下说：“小李，我明天要开会，今晚得坐夜班火车回去，你务必在晚饭后帮我买到回去的火车票。”这种对待部下的方式就是典型的家长对儿童的模式。

2. 儿童对家长——我闹，你迁就；我不行，你行

一方像不听话、不守规矩的小孩，采用反叛的儿童行为；而另一方像慈母，采用宽容的家长行为。用儿童对家长的方式解决问题，实际上就是要用“我闹，你迁就”的方式来解决问题。例如，有的企业单位在推行某项措施时，有人因方案不合心意便强词夺理，甚至无理取闹，而管理软弱的上级主管便妥协放弃，维持原状。

3. 家长对家长——你压，我也压；你行，我更行

双方都想当对方的家长，“你压，我也压”。例如，有的单位觉得合作方提供的产品不符合标准，便强硬地说：“你得给我改过来，不改过来，我到法院告你们！”对方也不甘示弱，说道：“这是符合标准的，改什么？你不要，没有人再给你做了！”这种对话方式就是家长对家长的方式。

4. 儿童对儿童——你闹，我也闹；你不行，我更不行

“你闹，我也闹”，闹了情绪但解决不了问题。例如，两位游客同时看上游船上的一个座位，抢先一步的游客把手提包放在座位上便出去照相去了。另一位游客看他一走就把那位游客的手提包拎到茶几上，自己坐在座位上。那位拍照回来的游客看到座位被别人坐了去也不客气，一边说“这个座位是我的”，一边用手推坐在那里的游客。坐着的游客也不干，说：“我来的时候这里没人，凭什么不能坐？”这两位游客的言行就是儿童对儿童的方式。

5. 成人对成人——你讲理，我也讲理；我行，你也行

双方都是成人，都采用平等待人、通情达理的成人行为，通过沟通和商讨来解决问题。只有用这种成人对成人的方式来解决问题，才真的是讲理的。

但在交往中，我们可能会遇到两种困难。一种困难是并非所有交往对象都善于以成人对成人的方式来解决问题。与他们沟通和商讨时，我们常常会遇到一些障碍。另一种困难是某些人根本就不想用成人对成人的方式来解决问题，他们只想用家长对儿童或儿童对家长的方式来解决问题。

人的性格由三种心理状态组成，并且蕴藏在人的潜意识中，会在一定条件下不自觉地表现出来，从而影响人际沟通的效果。理想的互动模式是成人刺激引发成人反应。当一个人能够区分自己的父母人格和儿童人格时，就说明他已经在运用自己的成人人格进行沟通。

（二）沟通的三种类型

伯恩将一次对话视为一个沟通单位。从沟通分析的角度来看，主要存在以下三种类型。

1. 互补型沟通

沟通双方的自我状态处于同一层次，并对同一层面的刺激做出回应。伯恩认为此类沟通是健康且简单的。例如下面这段对话。

女：“亲爱的，今天早点下班，别忘了今天是我们的结婚纪念日。”

男：“知道了，我会早点回来的。”

2. 交叉型沟通

这是一种具有破坏性的对话，表现为双方的自我状态不在同一层面，一方未能恰当回应另一方的信息，或回应出现错位。例如下面这段对话。

女：“亲爱的，记得今天是什么日子吗？”（提醒对方今天是结婚纪念日）

男：“这还用问我吗？自己去查日历！”（以家长状态回应）

3. 暧昧型沟通

这种沟通涉及两个层面的对话，即沟通双方均展现出一种以上的自我状态。

表面上看，双方在交谈，但实际上真正想要传达的信息并未直接说明。这种沟通可能导致沟通中断，也可能是弦外之音。双方陷入暧昧或游戏之中，通过心理层面的暗示来传递信息。例如下面这段对话。

女：“亲爱的，今天是什么日子？”（暗示今天是结婚纪念日）

男：“我记着呢，你就等着瞧吧。”（表示已经准备好了礼物）

心理延伸

共情与沟通

第九章　侵犯行为与利他行为

导　读

社会生活中，人们常常见到令人遗憾、愤慨的“旁观者不作为”现象，同时也经常看到无私助人、乐于奉献的行为，并为之感动。在被各种正能量或负能量所震撼之余，人们试图揭示出侵犯行为与利他行为产生的原因，以及哪些条件成为影响这两大社会行为的因素，并思考面对这些规律，能够采取哪些行动。

侵犯行为与利他行为是人类社会行为连续体上的两个极端。从行为的社会性质来说，侵犯行为是反社会行为，利他行为是亲社会行为。从行为的利益导向来说，侵犯行为的出发点是单纯个人利益，往往通过伤害他人来谋取自身利益。相反，利他行为是以他人利益为导向，甚至牺牲个人利益满足他人利益。

第一节　侵犯行为

侵犯行为，又称攻击行为或侵略行为，是心理学和社会学中用来描述个体对他人造成伤害的行为。这种伤害可以是身体上的，也可以是心理上的，可以表现为直接侵犯，也可以表现为间接侵犯。具体表现形式包括言语攻击（辱骂）、身体攻击（殴打、伤害、抢夺、杀人）、情感伤害（诋毁）等。侵犯行为的研究涉及多个心理学领域，包括社会心理学、发展心理学、临床心理学等。

一、侵犯行为的理论解释

（一）本能论和生物学理论

人类的侵犯行为是天生的吗？很多哲学家、科学家都在寻找答案，并一直为此而争论。一部分人认为，人天生就具备侵犯的本能；另一部分人主张，人是在后天环境中逐渐学会了侵犯。英国哲学家霍布斯就是第一种观点的代表，他在17世纪提出人类在自然状态中是残暴的，只有利用法律和社会规范才能遏制人天生的侵犯本能。

侵犯作为是人类与生俱来的本能，这一观点在20世纪被弗洛伊德进一步阐述。弗洛伊德认为，人生而具有生的本能与死的本能。人们每天寻求各种利于自己生活的条件，维持生命及保证繁衍的行为都是源于生的本能。而死的本能是“致力于摧毁生命，并将生命还原到没有生命物质的原始状态”。根据心理动力学，这种驱力如果指向外部，就可能使人破坏世界，对别人造成伤害；如果指向内部，就可能引发自我毁灭行为。弗洛伊德还认为，侵犯能量必须适度宣泄，否则就会引起爆发。

社会生物学理论提供了另一种解释：人类作为动物界的分支，同样具备不断累积的侵犯能量。当特定刺激触发内在侵犯能量时，侵犯行为就会发生。进化论心理学则认为，生物进化不仅对人类发展起着重要的作用，还在人类侵犯行为模式的发展中扮演着重要角色。从遗传角度来看，遗传因素在人类侵犯行为中发挥着重要作用。此外，雄性激素在动物发生侵犯行为的过程中发挥着重要作用已被证实。

（二）挫折—侵犯理论

很多体验告诉我们，生活中的挫折经历会引发一种目的未达成的挫折感或某种不愉快的情绪，这往往导致侵犯行为的发生。

侵犯的强度与受到的挫折强度相关。为了证明这个理论，哈里斯设计了这样一个实验。他让助手在商场、银行和售票窗口的排队人群中插队，分别插到第三或第十二个人的前面，短暂观察20秒后道歉并离开。实验对象的反应被记录为言语侵犯（如注意点或这是我的位置）和非言语侵犯（包括不友好的动作和推搡）。观察结果显示，排在队伍较前位置的人比后面的人更具侵犯性，因为他们离目标更近，所以体验到更多的挫折感。

伯克威茨认为，挫折会引发愤怒情绪，而这种情绪源于挫折阻碍了人们达成目标。这种消极情感能够引起侵犯的倾向性或准备性，但不会产生外在的侵犯行为，而是需要某些外在刺激物来促使人们采取行动。

（三）社会学习理论

斯金纳的操作性强化理论指出，当特定的刺激—反应模式被积极强化时，即通过给予奖赏而非给予惩罚，刺激与反应之间的连接就会得到加强。

班杜拉同样认为，人的行为塑造依赖于后天社会提供的刺激或影响。行为不仅可以通过直接经验来习得，还能通过观察他人的行为来间接习得。人们观察他人行为并将观察到的信息用于指导自己的行动，从而习得自身应如何行为，这一过程称为观察学习。班杜拉指出，人在特定情境下是否表现出侵犯性，取决于其对侵犯行为的直接和间接经验，以及这些行为的后果。

班杜拉曾以儿童为实验对象，证明了通过观察和模仿可以习得侵犯行为。

一群儿童被分为实验组和控制组。实验组所在的房间摆放了许多吸引人的玩具，但这些玩具被金属丝网隔开，使得儿童无法触及。这组儿童在长时间等待后才被允许玩这些玩具。相比之下，控制组儿童进入了一个同样放满玩具的房间，并且没有被阻止获取玩具，他们愉快地直接拿起玩具玩耍。结果发现，实验组的儿童在拿到玩具后表现出强烈的破坏性，他们将玩具摔到地上，丢向墙壁，甚至用脚践踏。

二、侵犯行为的影响因素

（一）个人因素

1. 性别

依照经验，人们通常认为男性要比女性更具侵犯倾向。事实上，激素论确实为我们提供了验证：男性的睾酮水平明显高于女性。这与动物界中雄性动物比雌性动物表现出更强的进攻性的原因是一致的。但我们不能仅凭此就断定男性的各类侵犯行为绝对高于女性。从性别的社会化角度来看，人类在成长过程中深受性别角色和社会期望的影响，其中家庭、学校、同辈群体等因素在塑造性别行为方面扮演着不可忽视的角色。比约克威斯特等人通过研究发现，男孩在身体侵犯方面比女孩更明显，而在语言侵犯方面却没有表现出性别差异。而在间接侵犯如散布谣言、恶意揭露他人隐私、告诉他人不要跟某人好等方面，女孩的表现水平比男孩更高。

经过多项研究的综合分析，我们发现，一般情况下，男性相较于女性展现出更高的侵犯性。然而，一旦被激怒，女性所表现出的侵犯性与男性相当。在侵犯动机方面，男性多将侵犯视为达成目标的一种手段，如控制他人、维护自尊或保持权力。

而女性往往认为侵犯是情绪失控或压力累积下的产物，并将侵犯视为消极或反社会的行为。

2. 人格

侵犯是否与人格有关呢？针对这个问题，弗里德曼提出了A型人格的概念。A型人格者通常富于竞争性，充满紧迫感，在挫折情境中易产生敌意和攻击性。同时，他们更易患心脏病。相比之下，B型人格者则比较松弛，不急迫，不易被激惹。

有研究发现，A型人格者在威胁性情境下会表现出更明显的侵犯行为。卡弗和格拉斯曾安排大学生被试者完成一项知觉-运动的任务。随后，由实验者助手当面贬低他们的任务表现，以威胁到他们的自我效能感。接着，被试者有机会对实验助手施加电击。结果显示，当自我效能感受到威胁时，A型人格的大学生比B型人格的大学生对实验助手施加了更强的电击。

3. 饮酒

酒精作为一种常见的生化刺激，常被视作引发侵犯行为的重要因素。饮酒不仅能改变人的正常行为，还会扰乱正常的认知，即酒精不仅会降低人们对行为的抑制力，还会改变人们处理信息的方式。实验证明，当血液中酒精浓度上升时，饮酒者会感到兴奋性、外倾性和刺激性增强，但神经心理功能受损程度也会加剧，如记忆力、注意力和反应速度都会降低。因此，醉酒者往往难以正确地评估环境或估测自己行为的后果，并且容易忽视社会情境中的细节，如将无意误解为故意，或将误会视为挑战。

4. 疼痛

疼痛是一种令人厌恶的感觉。动物在遭受疼痛且无法避开时，会攻击包括同类在内的任何目标，无论目标是充气娃娃，还是网球。1967年，阿兹林通过电击老鼠的实验验证了这一点，并发现电击导致的疼痛越强烈，攻击行为就越猛烈。随后的研究也发现，当鸽子在规律刺激下得不到习惯的食物时，会出现攻击行为。有学者将此现象视为“心理疼痛”，即挫折。

对于人类而言，疼痛是诱发侵犯行为的一个因素。1983年，伯科威茨的实验证明，类似疼痛的厌恶事件是敌意性侵犯最基本的诱发因素。他让一部分大学生被试者将手伸入微热的水中，另一部分被试者则将手放入冰冷刺骨的水中。结果发现，后者因疼痛而变得更加痛苦，并诱发出急躁和烦恼的情绪，表现出对他人强烈的不满。

（二）情景因素

1. 物理环境

（1）温度。

一些经验表明，天气越炎热，人们就越容易烦躁，处理人际问题时就会越缺乏耐心，甚至可能变得暴躁，导致人际冲突更容易爆发。早在希波克拉底时代，哲学家们就将北欧一些国家的野蛮与希腊的文明相对照，并将两种文化差异归结为北欧气候严寒所致。现在已经证实，气温与侵犯行为的确存在某种关系。一些调查发现，1967—1971 年，美国 79 个城市的暴动多数发生在炎热天气。威廉•格里菲特、维奇在实验室条件下研究了这个问题。他们安排学生在不同温度下回答问卷，第一组在常温条件下进行，第二组则在 90 ℉（约 32 ℃）的高温教室里回答。结果显示，炎热教室里的学生表现出疲惫，有较强的攻击性，并且在后续对陌生人的评论实验中展现出更多的敌意。

（2）拥挤。

拥挤是涉及主观认定的状况，是由他人存在引起的主观上不舒服的感觉。拥挤让人变得兴奋，情绪易被唤起，会产生去个性化现象。例如，在赛事高潮时，人山人海的看台上可能发生球迷群殴；上班高峰时段，公交车上容易发生口角。这些都与拥挤的环境密切相关。感到拥挤的人更容易将他人的行为理解为具有侵犯性，这种认知的变化可能会促成侵犯的爆发。这可能是因为每个人对私人空间都有基本的要求，一旦个人空间被挤压，就仿佛个人领地被侵犯，从而容易引发侵犯行为作为回应。

（3）噪声。

在噪声环境中，人的情绪容易变得更加烦躁，出错率更高，同时对行为的控制力下降，尤其在无法自主控制噪声的情况下更为显著，这无疑增加了侵犯行为发生的概率。

2. 大众媒介

社会学习理论表明，人们尤其是儿童通过观察和模仿来习得侵犯行为。如果周围环境里充斥着暴力、凶杀和色情内容的电影、电视剧、电子游戏等，那么人们的行为会变成什么样子呢？

多项研究已证实，儿童和成人都会受到媒体传播内容的影响。其中，众多研究发现，观看暴力内容的电视剧会增加观众的侵犯行为。一项长达 17 年的纵向研究显示，研究者对 700 多个家庭进行了跟踪观察，发现青春期和成年早期看电视的时间与随后的暴力行为呈正相关。

（三）弱势群体

这部分群体通常面临经济利益和社会权利分配不公、社会结构不协调和不合理等问题。这部分群体是否产生侵犯行为，取决于他们的相对剥夺感，即与他人或群体比较时，感到自己被不公正地弱势化，并认为无法通过合法途径来改善这种弱势地位。如果答案是肯定的，他们就可能采取侵犯行为作为回应。一些研究表明，贫困、失业、分配不均、腐败、艾滋病等社会问题容易带来弱势群体的相对剥夺感，使他们通过暴力来体现自尊，并使侵犯行为的罪责感弱化。这样，我们便不难解释失业与犯罪之间的关系，包括反社会现象和集体侵犯行为。

（四）武器效应

1967年，伯克威茨和安东尼•勒佩奇做过这样一个实验：将学生分别安排在两个房间里，一个房间里有一支枪，另一个房间里放置的不是枪而是中性物体——一个羽毛球拍。实验中，实验者故意激怒这些学生，随后让他们对同学施加电击。结果发现，那些在有枪房间里的学生比在有羽毛球拍房间里的学生施加的电击强度更大。

伯克威茨认为，一旦出现与攻击反应相关的物体（如枪），就会增加攻击行为的可能性，这就是著名的武器效应论。正如他所说："一个愤怒的人如果想施暴的话，他会扣动扳机；如果他准备要攻击，并且没有强烈地抑制这个行为，那么枪的扳机也能去扣他的手，或者诱使他作出攻击反应。"武器效应论能够解释美国的犯罪现象：美国一半的谋杀是用手枪完成的，而家藏的手枪杀死家庭成员的可能性远高于杀死入侵者。

三、侵犯行为的转移与消除

（一）宣泄与侵犯行为

宣泄的概念来自古希腊，后来被弗洛伊德引用为心理治疗的一种途径，通常是指通过利用侵犯行为、观看他人的侵犯行为及幻想侵犯他人等方式来减弱侵犯的能量，以减少侵犯行为的发生。

很多人认为，抒发怨气、大喊或出手攻击后，心情会变得轻松，不再具有攻击倾向。真的是这样吗？一些实证研究告诉我们，弗洛伊德所倡导的宣泄或许不应被滥用。加拿大运动心理学家罗素曾对观看激烈曲棍球比赛的观众进行敌意水平测试，结果显示，从比赛开始至结束，观众的敌意水平上升到一个非常高的值，并且在赛后几小时内仍未恢复至赛前水平。国外的一些研究也发现，直接实施侵犯行为往往会进一步激化侵犯倾向。博斯曼在实验室中进行了验证。他先激怒被试者，随后将被试者分为实验组和控制组。其中，一个实验组边击打沙袋边回想惹怒自己的人，另一个实验组则想象着击打沙袋能够使自己的身体得到锻炼。同时，他还安排控制组不击打沙袋。然后，他允许被试者对激怒自己的人大声吼叫。结果表明，相较于其他两组，击打沙袋同时回想激怒自己的人的被试者，展现出了更为强烈的攻击性行为。因此，博斯曼指出："通过发泄来减少愤怒的情绪，如同火上浇油。"

（二）惩罚与侵犯行为

惩罚是指为减少或消除某种不良行为再次出现而在此行为发生之后所跟随的不愉快事件。然而，惩罚的运用是否真的可以减少侵犯行为？惩罚的强度对消除侵犯行为是否有影响？对于成年人，是不是一定要运用严厉的惩罚或法律手段才能控制侵犯呢？

调查结果显示，在那些允许对罪犯判处死刑的国家中，谋杀案的百分比并不低于没有死刑的国家。相关研究发现，要想使惩罚起到减少侵犯行为的效果，就必须做到以下几点。

（1）惩罚要及时，即不当行为发生后应立即给予惩罚。

（2）惩罚要明确，确保惩罚与侵犯行为直接相关。

（3）惩罚要保持稳定性，具有一贯性。

（4）惩罚不仅要告知对方不可为的界限，还要提供非侵犯行为的示范，让人知道应该如何行事。

（三）替代性侵犯

由于某种原因，人们无法直接针对引发愤怒的对象进行侵犯，而是通过侵犯与制造挫折者相似的人来替代，这就是替代性侵犯。例如，在公司遭到上司责骂的员工，由于无法直接向上司报复，可能回到家中对妻儿撒气。因此，日本松下电器公司特别设立了"精神健康室"，也被称为"出气室"，里面有橡皮制成的老板塑像，供员工用棍子敲打以发泄不满，从而达到情绪疏导的作用。

（四）移情教育

移情是指当一个人（观察者）观察到另一个人（被观察者）处于某种情绪状态

时，会不由自主地产生与被观察者相同的情绪体验。这是一种替代性的情绪反应，也就是一个人能够设身处地地为他人着想，识别并体验他人的情绪和情感。移情是激发亲社会行为的重要动机源。

移情包括认知成分和情绪成分，两者相互作用，共同决定着移情的性质、内容、强度和方式。对他人设身处地的情感反应通常建立在理解并推断他人情绪状态的认知能力之上，而这种设身处地的情绪唤醒又能为观察者提供洞察他人情绪意义的内部线索，有助于更深入地认知和理解他人的情绪和感受。

霍夫曼提出，移情教育可以通过以下途径进行实施。

（1）为儿童创造情绪体验的机会，以此提升儿童的移情能力，因为儿童的移情发展是通过进入他人的情绪而产生的。

（2）通过角色扮演活动，增强儿童对他人的注意力。那些更多关注并关心他人需求的儿童，往往展现出更高的移情能力。

（3）通过学习亲社会行为和树立榜样来培养儿童的移情性响应。

基于此，国外心理学家已开展了相关的干预研究。

第二节　利他行为

利他行为是指行为者不是出于直接满足个人利益的目的，而是自愿做出符合社会期望的给他人带来帮助的行为，如舍身救人、参与志愿者行动、纯善意的捐助等，都是利他行为。

心理延伸

海信公益助学宣传片

一、有关利他行为的研究

（一）社会生物学解释

社会生物学假设认为，利他行为是人类的一种本能和天性，是由人之本性中的基因决定的。正如孟子所言："人之初，性本善。"心理学家麦独孤从本能论出发，提出了人类天生具备的 18 种本能，其中包括破坏性的本能如攻击，以及建设性的本能如利他。

社会生物学家威尔逊在他的《社会生物学：新的综合》一书中，列举了大量的动物研究资料，从野兔、白蚁到灵长类动物，说明利他行为是动物以自我牺牲换取其他个体和整个群体生存机会的本能。从长远来看，利他行为是有利于整个物种生存、繁衍和进化的。换言之，利他行为也是物种在进化过程中为了生存与繁衍而形成的一种基因。社会生物学理论对人性提出了乐观的看法，也能够解释为什么我们更倾向于帮助我们亲近的人或与我们相似的人。

（二）社会交换论

社会交换论认为，人与人之间的相互作用，本质上是个人力求以最小代价获取最大利益的社会交换过程。在采取利他行为前，人们会先评估自身、他人及所处情境，并权衡收益与代价，再决定是否行动。如果利他行为代价过高，人们就可能会放弃行动。例如，面对落水者，从认知层面来讲，人们普遍倾向于提供救助，但当意识到救助行为可能危及自身生命时，许多人便会望而却步。社会交换论也指出，利他行为中的收益不仅限于外在奖励，还包括内在的自我奖励。因此，即便是纯粹的利他行为，也带有社会交换的色彩。例如，捐赠、资助乞讨者时，人们也收获了自尊、荣誉，或减轻了内心的焦虑，增强了自我认同，完善了自我形象。心理学家达顿等人用实验的方法引起被试者的焦虑，使他们意识到自己并不像所声明的那样没有种族偏见，从而促使他们向黑人乞讨者捐赠更多的钱财。此时的捐助行为是被试者为了证明自己并减少焦虑的一种策略。

（三）社会规范论

社会规范在人类生活中普遍存在，为人类的行为提供价值指引。其中，最重要的就是交互性规范和社会责任规范。

1. 交互性规范

交互性规范是社会交换和维持社会关系平衡的基本原则。在交互性规范的指引下，人们形成了一个共同的社会期望：人应当帮助对自己有善意的人，并报答别人善意的帮助。简而言之，为老年人让座时，我们期望将来自己年老时也能得到同样的帮助。因此，当感受到他人的善意或接受他人的帮助时，人们会在心理上激起回报的压力，从而倾向于做出利他行为，这体现了利他行为的交互性。

2. 社会责任规范

社会责任规范是指社会期待或要求社会成员去帮助那些需要帮助的人，如父母应抚养子女，教师应关爱学生，公民应见义勇为，等等。因此，利他行为往往源于社会责任感、回馈社会或追求社会公正的动机。

二、利他行为的影响因素

什么情况下最可能出现利他行为？又有哪些因素会阻碍利他行为的出现？

（一）环境变量

1. 他人在场

随着旁观者数量的上升，个体帮助困境者的概率反而会下降，这种现象称为旁观者效应。这种现象的原因可能是人数的上升造成的责任分散。在一项实验中，当被试者独自一人时，听到隔壁房间传来"紧急情况"的报警声及后续的碰撞声和女性尖叫声，有 70% 的人会跑到隔壁提供帮助。然而，如果被试者与另一名无动于衷的陌生人共处一室，那么仅有 7% 的人会伸出援手。

2. 环境的不确定性

当某些因素导致他人难以判断紧急情况的真实性时，利他行为的可能性就会降低。在一项实验中，一名"工人"扛着梯子和通风管经过被试者的等候室，随后出现很响的碰撞声。在这种充满不确定性的情境下，那位"工人"获得帮助的可能性较小。然而，当他大声呼喊表明自己受伤以澄清状况后，所有被试者都迅速冲过去提供了帮助。

（二）个人特质——利他人格

不是所有的人都会做出利他行为，但真正利他的人都有一个共同点，那就是他的行为是自发的、内在的，他们并不把自己看作是英雄或高尚的人，认为自己的行为是很自然的。这使得心理学家对寻找利他人格产生了浓厚的兴趣。虽然具体说法不一，但是助人者的人格特征中有些是共同的，那就是助人者的自我概念是利他的，并努力保持这一形象，表现出仁慈、慷慨、富有同情心和责任感等。利他人格与非利他人格特质的比较见表 9-2-1。

表 9-2-1　利他人格与非利他人格特质的比较

利他人格	非利他人格
在第一时间提供帮助的人	未在第一时间提供帮助的人
自认为具有同情心	自认为不太有同情心
相信世界是公平的	较不相信世界是公平的
具有社会责任感	较不具有社会责任感

续表

利他人格	非利他人格
内向型自我控制倾向	外向型自我控制倾向
较不以自我中心	较为以自我中心

利他人格具有如下特点。

(1)具有强烈的社会动机。

(2)相信自己对事情具有影响力。

(3)具有适合情景需要的特殊能力。

(4)同情、理解他人,有责任感。

(三)利他行为的中介过程

利他行为是一个复杂的过程,涉及行为者对社会事件的分析、对情境和事件的解释,以及随后的决策和行动。在这个过程中,助人者的认知和情感等因素都会对行为的最终实施产生影响。

1. 需求觉察和责任意识

一个人是否对需要帮助的人伸出援助之手,取决于他对特定情景的认知和归因判断。他是否注意到了受助者的困境?他对这一困境如何解释?他是否意识到困境中的人需要帮助?应该由谁来帮助?自己是否有承担帮助的义务?例如,当看到一位女孩长时间失魂落魄地在河岸边徘徊,你如果认为她可能因失恋而想自杀,就会提高警惕,随时准备提供帮助。

个人的责任越明确,助人的可能性就越高,而责任不明确则会导致责任分散,从而降低利他行为的发生。例如,在公交车上,当看到陌生乘客的钱包被偷时,你可能不去报警或制止;但当对方请你帮忙照看物品时,面对小偷,你还能视若无睹吗?

2. 得失权衡与自我效能感

当觉察到受助人的需要并意识到有责任帮助他人时,这种认知会使个体成为可能的或潜在的助人者,但未必会转化为实际行动。从决策角度出发,人们会权衡特定行为潜在的收益和风险及付出是否对等,同时还要对个人的自我效能感进行预期判断。例如,面对落水者,助人者如果认为自己游泳技能不佳,难以胜任救援,并且可能危及自身安全,那么采取行动的可能性就很小。

在现代社会中,人们会遇到帮助别人反而陷入不利境地的事情。例如,好心的过路司机把伤员送往医院却被当作肇事者,或是捡到钱包归还失主却落入对方的圈套。这些负面事件增加了助人的成本和风险，导致人们在决定是否助人时更加犹豫不决，不敢轻易采取行动。

3. 心境

心境对利他行为的影响是复杂的。一般来说，好的心境会增加帮助别人的可能性。当一个人获得意外的惊喜时，会造成一种“成功的温暖光辉”，使帮助别人的意愿明显增加。坏的心境所起的作用更为复杂。对儿童而言，坏心境会减少他们的利他行为。但对于成年人，坏的心境有时也可能增加他们的利他行为，因为利他行为具有自我奖励的意义。例如，让人感到自己高尚的感觉会抵消不愉快的情绪，使利他行为成为一种“消极状态解除机制”。

（四）受助者特征

由于人的行为具有选择性和倾向性，我们可能更喜欢对某个特定的个体或人群提供帮助，这种倾向性很大程度上受帮助对象特征的影响。

1. 生理特征

生理特征包括受助者的外貌、年龄、性别、种族等。例如，同样是面对乞讨者，对方是青壮年男子、五六岁的小孩或七八十岁的老人，你更愿意向哪一位伸出援助之手呢？研究表明，女性相较于男性更容易得到帮助，老人和小孩相较于成年人也更容易得到帮助。

2. 人格特征

受助者的人格特征会影响我们的助人意愿。我们更愿意帮助那些看起来善良、友好的人，更愿意帮助那些看起来不会对我们造成伤害且未曾伤害过我们的人，更愿意帮助那些因外因不可控而陷入困境的人，而不愿帮助那些因内在原因而面临困境的人。相较于因酗酒而醉倒在地的人，我们更愿意帮助因心脏病突发而倒在地上的人；相较于因懒惰而陷入贫困的人，我们更愿意帮助因地震而失去家园的人。

3. 相似性

众多研究都表明，人们更倾向于帮助与自己在肤色、地域、群体、社会身份，尤其是政治态度上相同的人。社会进化论和社会生物学的解释是，相似性多的人与我们拥有更多相同的基因，帮助与我们相似的人更有利于所属种族的生存与发展。

有一项实验证明了相近的社会身份对助人行为的影响。在一场足球比赛结束后，一个穿着支持某方球队运动衫的球迷倒在了地上，亟需帮助。在这种情境下，支持同一球队的球迷比另一方的球迷更愿意提供帮助。而另一种情况是，这个球迷没有穿表示支持哪个球队的衣服，结果两队球迷都积极提供帮助，原因在于他们都是球迷，有着相同的爱好和身份。

三、利他行为的培养

利他行为主要是后天习得的结果。人们普遍认为，利他行为是个人良好品德与社会道德的体现，其发展与个体的品德发展相辅相成。在培养利他行为的过程中，虽然会借鉴一些品德教育的方法，但是利他行为的培养并不等同于品德教育。除了道德成分，利他行为还涉及个人的人格特征、认知过程和特定的社会情境。因此，利他行为的培养既是品德发展的有机组成部分，又遵循着自身的规律和特点。

（一）移情训练

由于利他行为受情感的强大影响，一个人的同情心是影响他是否做出利他行为的情感基础。移情原本作为精神分析的一个术语，指的是个体将先前的情感转移到新对象上的过程，但在此特指个体体验、推知并理解他人情绪和情感的能力，即“子非鱼，安知鱼之乐”。移情训练主要通过激发个人的情绪体验，引导其迁移这些体验，并在情感的驱动下自然地展现出利他行为。这种训练先让学习者根据自身的经验和过往的类似情境去体验、感知和理解当前的情境，强调认知与情感的双重作用，旨在提升学习者对自己及他人行为的感知能力，增强人际敏感性。在训练过程中，我们会采用认知提示、情感换位、角色扮演、情绪追忆、联想、聆听内心、分享讨论和感受表达等多种有效的方法。

（二）价值澄清课程

利他行为是利他主义价值观的体现。价值澄清课程的关键在于确定个人珍视而又愿意维护的利他主义价值观。价值澄清课程会引导未成年人深入思考一系列价值问题，如“我周围的很多朋友都在吸毒，为什么我不去做”“为什么不能把别人的东西据为己有”“为什么每个人都需要帮助”。价值澄清的着眼点不在于寻找问题的正确答案，而是更注重评估的过程，目的在于让学习者清楚地意识到自己所持有的价值观，学会从正反两面权衡，学会考虑不同选择的意义，最终确立应该持有的价值观。

价值澄清课程中包括许多操作性很强的技术，其中一项技术就是要求学员就“我想成为什么样的人”这一问题进行追选：是做一个孤独者，还是成为集体中受欢迎的一员。另一项技术则是让学生对社会现实问题，如贫穷、福利政策、医疗改革、发展机会、社会公平等进行排序。通过讨论选择背后的原因，学生能够更加清晰地看待社会问题，学会做出价值判断。

（三）行为塑造

顾名思义，行为塑造是以行为主义为理论基础，通过运用各种技术和方法来修正不合道德规范的行为，训练和培养符合期望的行为，最终塑造出社会所期望的利他行为。总体而言，行为塑造的方式主要分为两大类。

（1）利用强化原理直接对特定行为实施正强化或负强化，其手段主要包括奖励与惩罚。例如，在集体春游活动中，对于独自享受食物的孩子，会取消其某项特权（如玩游戏的机会）；而对于表现出分享行为的孩子，则会给予表扬。

（2）利用社会学习理论进行榜样教育，向学习者示范良好的道德行为。儿童最初通过模仿习得了良好行为，然后会认同行为背后的价值观并进一步内化，从而能够自觉自愿地做出利他行为。

（四）品德培养

品德培养与利他培养是正相关的关系，通过品德教育和道德价值观的引导，我们既能建立道德禁令，使个体学会遵守道德准则，避免反社会行为，又能增强积极的道德力量，激发更多的利他行为。

目前，品德培养的途径主要是在教育体系内通过德育课程来实现。在德育工作中，我们需要特别注意以下几点。

（1）品德培养必须遵循道德发展的规律。皮亚杰认为，儿童的道德发展经历了从他律到自律，从外部评价向自我评价，从自我中心到去自我中心的转变过程。因此，我们要根据儿童的道德发展水平和需要，提供适合儿童阶段特点的教育内容和形式。

（2）品德教育要重视学生的内心体验和独立思考，不能把道德概念变得知识化和外在化。道德行为是个人内在体验和价值观念的外在表现，起决定作用的因素在个体内部。因此，采用传授外在知识的方式让学生死记硬背概念原理，这种教育方式是无效的。

（3）教育教学方法要灵活多样，并注重对学生的道德评价能力和行为能力的培养。

拓展阅读

道德发展阶段与青少年犯罪

——电视剧《隐秘的角落》心理分析

2020年热播的电视剧《隐秘的角落》一度引发了社会各界广泛的讨论。该剧并没有把剧中的“坏孩子”脸谱化，而是较为全面地介绍了孩子“作恶”的内在动机和外在因素，为我们研究青少年的道德发展阶段和犯罪之间的关系提供了一个很好的案例。

美国心理学家劳伦斯•科尔伯格提出了著名的道德发展理论。他把人的道德发展区分为三种水平，每种水平各有两个阶段，共有六个阶段。

（1）前习俗水平。儿童判断行为的好坏主要基于行为后果，认为受到惩罚的行为就是坏的，而得到赞许和奖励的行为是好的。

（2）习俗水平。个人遵守道德规范主要是为了获得他人的赞许或维护社会秩序，其行为动机主要在于赢得社会的认可，避免受到社会的批评。

（3）后习俗水平。人们遵循正义、互惠、平等、尊重等原则，力求对正当而合适的道德价值原则做出自己的解释，而不理会权威人士如何支持这些原则。

剧中的朱朝阳、严良、普普，各自有着不同的性格和人生经历。从他们的行为表现来看，这三个孩子显然分别处于不同的道德发展阶段。

一、“好孩子”朱朝阳：对于亲情的畸形追求

朱朝阳原本应是大众眼中典型的好孩子，学习成绩优秀，永远是年级的第一名，是当之无愧的学霸。此外，他还非常听话，从不惹父母和老师生气。然而，在这好孩子形象的背后，隐藏着他对失去亲情的深深恐惧和对父母之爱的极度渴望。他做事的最大动机就是赢得父母的喜爱，其道德发展明显处于习俗水平的第三阶段—— 好孩子定向阶段，即儿童判断行为正确与否主要看是否为别人所喜爱，是否符合关系亲近之人的期待。

一个人的道德形成是多种因素共同作用的结果。对于朱朝阳而言，家庭因素显然是最重要的原因。自幼父母离异的经历给他带来了深刻的心理创伤，父爱对他来说是如此的稀缺。只有期末考试考到年级第一名，他才会成为父亲在麻将桌上向牌友炫耀的资本，才能在父亲开心的时候一起吃饭、买东西，这些短暂的片刻

无疑是朱朝阳心中最快乐的时光。而控制欲强的妈妈只有在他学习好、听话时才会变得开心，也不会对他提出更多要求。在这样的双重诱惑与压力下，成绩好和听话成了朱朝阳最重要的价值追求。

但这样的道德准则和价值追求对社会和个人来说是有一定风险的。当朱朝阳单独与同父异母的妹妹在一起时，妹妹由于得到了父亲更多的疼爱就成为他嫉恨的对象。他错误地认为，只要妹妹不在了，父亲的爱就会转移到他身上。正是这种扭曲的心理和认知，最终导致了悲剧的发生。

二、“野孩子”严良：为了爱情的盲目冲动

在这三个孩子中，虽然严良年龄最大，但是他的道德发展处于最低阶段。他敢作敢为，但行事鲁莽冲动，常遵循简单的“以牙还牙、以眼还眼”原则。对于父亲曾帮助过的有钱朋友，他直接认为对方应该给自己钱；对于曾抓捕过他父亲的警察老陈，他则简单地认为对方不是好人；而对于杀人犯张东升，他更是认为只要手中有对方的把柄，就可以索要钱财。

但他行为的主要目的是保护和帮助普普——这个他暗自喜欢的小姑娘。他从孤儿院逃跑，乃至最终卷入一系列犯罪事件，都是为了给普普筹集救治她弟弟的医疗费用，甚至屡次因保护普普而出手打架、冒险行事。这些看似利他的行为，其背后的心理动机仍是希望通过帮助特定对象来让她喜欢和依赖自己，通过让喜欢的人开心来使自己获得快乐。因此，严良的道德发展阶段主要处于前习俗水平的第二阶段——现实的利己主义，即遵守道德是为了得到奖赏或满足个人目的，虽然他在某种程度上也关心他人，但是这种关心是出于获得回报的目的。

通过分析青少年犯罪的案例，我发现这一年龄段的大多数犯罪者都处于这一道德发展阶段，他们会因哥们义气、男女朋友关系而出手伤人等。因此，帮助青少年安全平稳地度过这一道德发展阶段，进而进入更高层次的道德发展阶段，对于社会和个人都至关重要。

三、“小大人”普普：超越年龄的异常成熟

普普的年龄最小，但对她进行道德发展阶段分析是最困难的，因为她有着远超其年龄阶段的道德成熟。按照剧中人物设定，普普自幼父母双亡，生活在孤儿院中，她的弟弟被别人领养。普普从孤儿院出逃，主要是为了帮助弟弟筹集治病的巨款。虽然这样的利他行为也能从利己的角度进行解读，但是普普此后的很多行为

展现了更深层的道德意识。例如，她一开始虽然同意向杀人犯张东升索要钱财，但是坚持在拿到钱救治弟弟后要举报张东升，从而让他受到法律制裁；在与张东升接触后，普普发现他虽然是个杀人犯，但是内心也有柔软和善良的一面，她甚至反问："坏人就永远是坏人吗？"再比如，普普最先拦下了朱朝阳的妹妹，目的是警告她不要再欺负朱朝阳。而当普普看到朱朝阳的不当行为后，又写信劝说他主动坦白认错。由此可见，普普心中始终有着对正义的朴素追求。从这些方面来看，普普的道德水平几乎发展到了后习俗水平的第五阶段——社会契约定向阶段，即认识到法律制度、社会习俗是一种社会契约，可以改变而非固定不变，能从法律和道义上辩证地看待是非善恶。

剧中的普普，她的早熟可以解释为与其幼年丧失双亲、尝尽人情冷暖的悲惨经历有关，这使她能够对别人的困难和痛苦产生强烈的共情。因此，道德上早熟的孩子是幸或不幸，值得我们深思。

行为是认知的最终表现，剧中人物走向犯罪道路，不仅与他们的成长经历、家庭环境、社会公正等外在因素有关，还与个人的道德认知水平有关。从普遍意义上讲，道德认知发展经历三个阶段，从外在行为服从到认知同化，再到内化。只有到了内化阶段，道德才能转化成个人成长的有机部分。内化过程需要"体验""经历"，需要家庭、学校、社会三个层面共同营造良好的环境。

（此文发表于《大众心理学》2022(1)期，有改动）

后 记

这么多年来，我们一直在思考一个问题：心理学是一套理论，还是一种实践？

我们一直试图把心理学讲得通俗易懂，尽量绕开晦涩的专业术语和难懂的概念，力图把心理学讲活。活的心理学就是你、我、他身边发生的故事，就是生活中、职场中、社会中的生动现象。与纯粹的心理知识相比，本书更想用心理学的基本理论和原理去解释“为什么”“怎么回事”和“怎么办”。

本书以通俗且生动的语言，采用趣谈、聊天的风格（这也是我们的教学风格），将真实案例融入其中，讲述心理学在生活中是如何展现的，从心理学的视角对生活和社会事件进行深入剖析。此外，本书还包括我们多年在心理咨询和教学科研方面的心得与感悟。我们希望读者能够从中收获理性的分析与判断，也能从案例故事中获得感悟与共鸣。

感谢基于信任向我们倾诉、向我们咨询的朋友，表面上是我们为他们提供了专业帮助，但实际上是他们为我们提供了真实且生动的案例，让我们看到了生活的多面和人性的复杂，促使我们不断感悟、思考、反刍。感谢“雨晨助学”等主办方多次邀请我们做讲座，并为我们保留了视频资料，这些资料成为本书中的数字化资源。感谢与我们一起从事社会服务和公益事业的同行们，爱出者爱返，福往者福来，用知识回馈社会，让我们感受到了真正的价值与幸福。感谢同行，感谢我们的历届学生，在十多年的教学工作生涯中，与同行的探讨及与学生的互动，始终是我们思考的动力与灵感的源泉。

附　录

刘志燕家庭教育系列讲座

一、“妈宝”“伪娘”现象怎么来的？

心理延伸

“妈宝”“伪娘”现象怎么来的？

二、“伏弟魔”与“渣男收割机”怎么被训练出来的？

心理延伸

“伏弟魔”与“渣男收割机”怎么被训练出来的？

三、为什么陷入家暴循环？

心理延伸

为什么陷入家暴循环？

四、家庭心理环境建设：从一个案例说起

心理延伸

家庭心理环境建设：从一个案例说起

五、家庭教养方式对孩子的影响

心理延伸

家庭教养方式对孩子的影响

六、做孩子成长的助推器，形成家校合力

心理延伸

做孩子成长的助推器，形成家校合力

参考文献

[1] 俞国良. 社会心理学 [M]. 北京：北京师范大学出版社，2015.

[2] 金盛华. 社会心理学 [M]. 3 版 . 北京：高等教育出版社，2020.

[3] 周晓虹. 现代社会心理学：社会学、心理学和文化人类学的综合探索 [M]. 南京：江苏人民出版社，1991.

[4] 申荷永. 社会心理学：原理与应用 [M]. 广州：暨南大学出版社，2005.

[5] 张承芬，马广海. 社会心理学 [M]. 济南：山东人民出版社，2010.

[6] 时蓉华. 透视中国社会的社会心理学 [M]. 香港：中华书局香港分局，1988.

[7] 郑杭生. 社会学概论新修 [M]. 北京：中国人民大学出版社，2019.

[8] 周晓虹. 现代社会心理学名著菁华 [M]. 北京：社会科学文献出版社，2007.

[9] 王芳. 心理学名著导读 [M]. 北京：中国妇女出版社，2006.

[10] 彭耽龄. 普通心理学 [M]. 5 版 . 北京：北京师范大学出版社，2019.

[11] 黄希庭，郑涌. 心理学导论 [M]. 3 版 . 北京：人民教育出版社，2015.

[12] 乐国安. 应用社会心理学 [M]. 天津：南开大学出版社，2003.

[13] 贾启艾. 人际沟通 [M]. 南京：东南大学出版社，2010.

[14] 郑全全，俞国良. 人际关系心理学 [M]. 北京：人民教育出版社，2011.

[15] 王登峰，侯玉波. 人格与社会心理学论丛 [M]. 北京：北京大学出版社，2004.

[16] 林崇德. 发展心理学 [M]. 3 版 . 北京：人民教育出版社，2018.

[17] 龚晓洁，张剑. 人类行为与社会环境 [M]. 济南：山东人民出版社，2011.

[18] 翟学伟. 中国人的关系原理 [M]. 北京：北京大学出版社，2011.

[19] 陈琦，刘儒德. 教育心理学 [M]. 3 版 . 北京：高等教育出版社，2020.

[20] 江光荣. 心理咨询的理论与实务 [M]. 北京：高等教育出版社，2005.

[21] 张厚粲. 行为主义心理学 [M]. 杭州：浙江教育出版社，2003.

[22] 陈淑娟. 社会学视角下的印象形成 [M]. 北京：科学出版社，2020.

[23] 魏真瑜. 从众心理与亲社会行为 [M]. 北京：社会科学文献出版社，2010.

[24] 孟昭兰. 情绪心理学 [M]. 北京：北京大学出版社，2005.

[25] 弗洛伊德. 精神分析引论 [M]. 高觉敷，译. 北京：商务印书馆，1986.

[26] 梅．人的自我寻求［M］．郭本禹，方红，译．北京：中国人民大学出版社，2013.
[27] 米德．心灵、自我与社会［M］．赵月琴，译．上海：上海译文出版社，2005.
[28] 戈夫曼．日常生活中的自我呈现［M］．冯钢，译．北京：北京大学出版社，2008.
[29] 马斯洛．动机与人格［M］．许金声，等译．北京：中国人民大学出版社，2012.
[30] 勒庞．乌合之众［M］．陈璞君，译．北京：北京师范大学出版社，2018.
[31] 霍弗．狂热分子［M］．梁永安，译．桂林：广西师范大学出版社，2008.
[32] 西美尔．时尚的哲学［M］．费勇，译．北京：文化艺术出版社，2001.
[33] 津巴多．心理学与生活［M］．19 版．王垒，等译．北京：人民邮电出版社，2015.
[34] 赖斯．压力与健康［M］．石林，译．北京：中国轻工业出版社，2000.
[35] 科尔曼．社会理论的基础［M］．邓方，译．北京：社会科学文献出版社，1999.
[36] 库利．人类本性与社会秩序［M］．包凡一，王湲，译．北京：华夏出版社，2015.
[37] 阿伦森．社会性动物［M］．郑日昌，译．北京：新华出版社，2001.
[38] 波伏娃．第二性［M］．陶铁柱，译．北京：中国书籍出版社，1998.
[39] 德波顿．身份的焦虑［M］．陈广兴，南治国，译．上海：上海译文出版社，2020.
[40] 麦克威廉斯．精神分析诊断：理解人格结构［M］．鲁小华，郑诚，译．北京：中国轻工业出版社，2015.
[41] 华生．行为主义［M］．潘威，郭本禹，译．北京：商务印书馆，2022.
[42] 菲斯克，泰勒．社会认知：从大脑到文化［M］．周晓琳，译．北京：人民邮电出版社，2020.
[43] 韦纳．归因动机论［M］．周玉婷，译．北京：中国人民大学出版社，2020.
[44] 威廉斯．文化与社会［M］．高晓玲，译．北京：商务印书馆，2018.
[45] 特纳，斯戴兹．情感社会学［M］．孙俊才，文军，译．上海：上海人民出版社，2007.
[46] 伯斯奇德，丽甘．人际关系心理学［M］．李小平，李智勇，译．上海：上海教育出版社，2018.
[47] 陶西格，米歇尔，苏比蒂．社会角色与心理健康［M］．樊嘉禄，等译．合肥：中国科学技术大学出版社，2007.
[48] 达菲，阿特沃特．心理学改变生活［M］．8 版．张莹，等译．北京：世界图书出版公司，2006.
[49] 费舍尔．青少年家庭治疗：发展与叙事的方法［M］．姚玉红，魏姗丽，译．上海：华东师范大学出版社，2017.
[50] 罗杰斯．个人形成论：我的心理治疗观［M］．杨广学，译．北京：中国人民大学出版社，2004.